浙江省哲学社会科学规划课题"反垄断视
排序机制研究"（23NDJC382YE

电子商务平台的排序机制研究

Research on the
Ranking Mechanism of
E-commerce Platform

惠佩瑶 ———— 著

上海社会科学院出版社

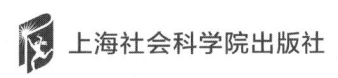

图书在版编目（CIP）数据

电子商务平台的排序机制研究 / 惠佩瑶著. -- 上海：上海社会科学院出版社，2024. -- ISBN 978-7-5520-4574-1

Ⅰ. F713.365.1

中国国家版本馆 CIP 数据核字第 2024LN9983 号

电子商务平台的排序机制研究

著　　者：惠佩瑶
责任编辑：应韶荃
封面设计：李　廉
出版发行：上海社会科学院出版社
　　　　　上海顺昌路 622 号　邮编 200025
　　　　　电话总机 021-63315947　销售热线 021-53063735
　　　　　https://cbs.sass.org.cn　E-mail:sassp@sassp.cn
排　　版：南京展望文化发展有限公司
印　　刷：上海新文印刷厂有限公司
开　　本：710 毫米×1010 毫米　1/16
印　　张：12
字　　数：210 千
版　　次：2024 年 12 月第 1 版　2024 年 12 月第 1 次印刷

ISBN 978-7-5520-4574-1/F·793　　　　定价：60.00 元

版权所有　翻印必究

序　言

伴随着数字技术应用程度的加深,经济发展日益呈现出数字化趋势,各种新产业、新业态、新模式不断涌现。在此过程中,互联网平台作为一种通过网络信息技术促使双边或多边主体相互依赖,通过特定规则交互与匹配共同创造价值的商业组织形态,发挥着越来越重要的作用。平台化已经成为数字时代最突出的商业变革之一,平台经济也日益成为数字经济最重要的组成部分。根据相关研究报告显示,在全球经济增长乏力的背景下,全球平台经济价值规模逆势反弹,给重振全球经济注入了一针强心剂。截至2023年底,全球市场价值超百亿美元的互联网平台企业共有59家,价值规模共计12.9万亿美元,同比增长42.0%。其中,5家头部平台企业市值同比增长73.6%,对全球平台经济市值规模增长的贡献率达102%。

理论上讲,平台的行为主体是理性经济人,主要发挥撮合市场交易的作用。它在实践中表现为双边或多边市场形式,具有显著的网络外部性和价值创造能力。正是因此,平台经济呈现出与传统市场形态截然不同的许多新特点、新规律,而且通过平台经济发挥出的资源配置功能也与传统市场经济有所区别。"搜索排序"问题正是其中最重要的一个方面。具体来说,在传统市场经济理论中,决定着消费者选择、厂商竞争的关键变量是市场价格。当商品价格不高于边际效用时,消费者选择买入,当商品价格不低于边际成本时,商家选择卖出。资源在市场价格的调节下完成最佳配置。但在平台经济实践中,搜索排序结果日益成为影响经济主体行为的又一关键变量。事实是,并非价格足够低,消费者就会选择买入,能否争取到相对靠前的搜索排序位置变得越来越重要,它决定了消费者的选择权。更重要的是,搜索排序结果是由平台企业根据保密算法自主设定生成的,这就对传统经济学所关注的"价格理论",以及以"价格理论"为基础所构建的价格中心范式的监管体系都提出了严峻挑战:在价格研判失效情况下,平台企业垄断行为应当如何界定?平台企业的排序算法又应如何规制？亟待加强研究推动监管创新。

正是基于上述疑问，惠佩瑶博士经过反复理论推演和多次实践调研，写出了《电子商务平台的排序机制研究》一书。该书聚焦电子商务平台，深入探讨了作为市场信号的搜索排序结果在稀缺资源配置机制中的作用，揭示了平台企业的搜索排序策略对消费者选择、厂商竞争，以及社会福利的影响机制与影响效果。特别引人关注的是，与传统价格理论不同，该书关注的是在数字经济时代信息不完全的局限条件下，平台企业作为"理性经济人"，以搜索排序结果作为市场信号影响市场主体行为选择，进而决定稀缺资源配置结果的市场情形。这种资源配置体系的形成，既非依靠市场"无形之手"调度，亦非依靠政府"有形之手"指挥，而是平台企业"算法之手"的作用结果。因此，本书不仅是对搜索排序这种现实载体的表层分析，更是对平台企业"算法之手"的一次有益的理论探索，其研究成果对于进一步深刻理解数字经济市场运行规律与平台企业的算法控制能力，规范平台企业的排序算法构建与排序结果展示，具有重要的现实意义和启发价值。

当然，对搜索排序的研究绝不止于此。一方面，搜索排序的领域不仅仅局限于电子商务平台，社交娱乐、信息资讯、金融服务等平台的搜索排序影响也十分广泛；另一方面，随着抖音、快手、小红书等内容平台的创新发展，在手机端将内容从上到下，按照精准推荐的算法逻辑按顺序依次展示信息的信息流模式展示出越来越强的吸引力和影响力，同样需要加强研究。更重要的是，搜索排序仅仅是平台企业算法影响资源配置的"冰山一角"，从消费到生产再到分配，从产品选择到生产要素的选择与重组再到资本回报与劳动报酬的厘定，平台企业的算法决策已经深入到市场的方方面面。希望惠佩瑶博士能够持之以恒地深入探索下去。

总的来说，通过阅读这部著作，我感受到惠佩瑶博士对平台经济思考的理论深度，也欣喜地发现她抓住了搜索排序这种商业策略的经济学本质，成功将其纳入市场与资源配置的关系之中。前不久，党的二十届三中全会通过了《中共中央关于进一步全面深化改革、推进中国式现代化的决定》，明确提出"高水平社会主义市场经济体制是中国式现代化的重要保障"的论断。我相信，惠佩瑶博士的这项研究不仅有助于理解数字时代的市场机制及其独特性，而且对于中国构建高水平社会主义市场经济体制以推进中国式现代化具有重要的实践意义。

上海社会科学院 胡晓鹏

2024 年 11 月

目 录

导言 ·· 1

第一章　文献综述 ·· 5
一、电子商务平台与双边市场理论 ·· 5
　（一）电子商务平台 ·· 5
　（二）双边市场理论 ·· 9
二、搜索排序的研究进展 ·· 14
三、对国内外文献的评述 ·· 20

第二章　电子商务平台的发展现状与垄断问题 ······························ 22
一、电子商务平台的发展现状 ·· 22
二、电子商务平台的新型垄断问题 ·· 25
小结 ·· 28

第三章　平台排序机制的本质 ·· 29
一、平台排序机制与搜索成本 ·· 30
二、平台排序机制与稀缺数据资源的配置 ···································· 32
三、平台排序机制与市场价格机制的关系 ···································· 38
四、对后续研究逻辑的说明 ·· 42
小结 ·· 44

第四章　排序机制对电子商务平台用户选择的作用机理 ············ 45
一、消费者搜索模式 ·· 45

二、理论分析 …… 51
三、实证检验 …… 60
　（一）实证模型与数据说明 …… 60
　（二）回归结果分析 …… 67
　（三）稳健性检验 …… 72
小结 …… 74

第五章　电子商务平台构建排序机制的约束条件 …… 75
一、排序中立性 …… 76
二、基于厂商竞争的理论模型 …… 77
　（一）双边免费的情况 …… 78
　（二）双边收费的情况 …… 80
　（三）单边免费的情况 …… 82
三、电子商务平台排序机制的非中立程度测算 …… 85
　（一）淘宝、天猫排序的非中立程度测算 …… 86
　（二）京东自营与非自营排序的非中立程度测算 …… 96
四、电子商务平台限制卖方竞争的其他措施 …… 104
　（一）天猫平台的卖方规模限制 …… 105
　（二）京东平台的卖方规模限制 …… 110
小结 …… 115

第六章　电子商务平台排序机制对社会福利的影响 …… 117
一、网络外部性与社会福利 …… 117
二、基于产品价格的分析 …… 121
　（一）理论分析 …… 121
　（二）实证检验 …… 127
三、基于产品质量的分析 …… 134
　（一）理论分析 …… 134
　（二）实证检验 …… 137
小结 …… 144

第七章　主要结论与政策建议 …… **146**
一、主要结论 …… **146**
二、政策建议 …… **149**
（一）反垄断规制的价格中心范式亟待突破 …… **150**
（二）反垄断规制的数据流量监管体系亟待建立 …… **150**

参考文献 …… **153**

附录 …… **165**

图目录

图 3-1　2014—2020 年 3 月中国网民规模及互联网普及率走势 ……… 34
图 3-2　2014—2020 年 3 月中国居民人均每周上网时长 ……………… 34
图 3-3　阿里巴巴的获客成本变化趋势 …………………………………… 35
图 3-4　京东的获客成本变化趋势 ………………………………………… 36
图 3-5　拼多多的获客成本变化趋势 ……………………………………… 36
图 3-6　市场价格机制原理示意 …………………………………………… 42
图 3-7　平台排序机制原理示意 …………………………………………… 43

图 4-1　消费者获取在线产品信息的主要渠道 …………………………… 49
图 4-2　厂商流量转化漏斗图 ……………………………………………… 52
图 4-3　顺序搜索模式下平台排序机制对消费者选择的作用机理 ……… 59

图 5-1　淘宝的店铺搜索页面 ……………………………………………… 89
图 5-2　淘宝平台各行业排序非中立程度 1 与行业集中度 ……………… 96
图 5-3　淘宝平台各行业排序非中立程度 2 与行业集中度 ……………… 96
图 5-4　京东平台各行业排序非中立程度 1 与行业集中度 ……………… 104
图 5-5　天猫对不同类目店铺的年最低收费标准 ………………………… 110

图 6-1　网络外部性的变化 ………………………………………………… 122
图 6-2　社会福利的变化 …………………………………………………… 123
图 6-3　淘宝"遮阳伞"样本中 TOP200 产品排序位置与价格的散点图
　　　　………………………………………………………………………… 130
图 6-4　淘宝"海信电视"样本中 TOP200 产品排序位置与价格的散

　　　　　点图 ··· 130
图 6-5　不排序情况下纳什均衡与厂商数量 N 的关系 ·············· 136
图 6-6　排序情况下纳什均衡与厂商数量 N 的关系 ················ 136
图 6-7　京东"放心购"认证 ································· 138
图 6-8　京东"遮阳伞"样本中 TOP200 非自营产品排序位置与价格的
　　　　　散点图 ··· 141

表目录

表4-1　不同搜索模式的比较 …………………………………… 46
表4-2　变量说明与数据来源 …………………………………… 61
表4-3　截面数据：主要变量的描述性统计 …………………… 64
表4-4　截面数据：变量的相关性检验 ………………………… 64
表4-5　面板数据：主要变量的描述性统计 …………………… 65
表4-6　面板数据：变量的相关性检验 ………………………… 66
表4-7　截面回归：平台排序对消费者选择的影响检验 ……… 68
表4-8　截面回归：平台排序机制替代效应的检验 …………… 69
表4-9　面板回归：平台排序对消费者选择的影响检验 ……… 71
表4-10　截面回归：平台排序对消费者选择影响的稳健性检验 …… 72
表4-11　面板回归：平台排序对消费者选择影响的稳健性检验 …… 73

表5-1　淘宝主要行业的搜索结果概览 ………………………… 87
表5-2　淘宝排序店铺与搜索池店铺的结构对比(单位：%) …… 89
表5-3　淘宝搜索页面中天猫店铺商品的占比(7个行业关键词) …… 91
表5-4　淘宝搜索页面中天猫店铺商品的累计占比(7个行业关键词) …… 91
表5-5　淘宝TOP100搜索结果中同一店铺反复出现的频次(7个行业
　　　　关键词) ……………………………………………………… 92
表5-6　淘宝主要行业市场集中度测算1(7个行业关键词) …… 94
表5-7　淘宝主要行业市场集中度测算2(7个行业关键词) …… 94
表5-8　京东主要行业的搜索结果概览 ………………………… 97
表5-9　京东主要行业排序位商品及店铺结构概览 …………… 98
表5-10　京东搜索页面中自营店铺商品的占比(7个行业关键词) …… 100

表5-11	京东搜索页面中自营店铺商品的累计占比(7个行业关键词)	100
表5-12	京东TOP100搜索结果中同一店铺反复出现的频次(7个行业关键词)	101
表5-13	京东主要行业市场集中度测算1(7个行业关键词)	102
表5-14	京东主要行业市场集中度测算2(7个行业关键词)	103
表5-15	2008—2010年天猫技术服务费标准	106
表5-16	2016—2020年天猫商户续签考核的最低销售额要求(单位:万元)	108
表5-17	京东商户服务模式	111
表5-18	2010—2020年京东技术服务费标准	112
表5-19	2019年京东商户续签考核销售额要求及对应技术服务费标准(单位:元)	113
表6-1	淘宝"遮阳伞"搜索数据变量定义与说明	128
表6-2	淘宝"遮阳伞"主要变量的描述性统计	129
表6-3	淘宝"遮阳伞"样本对价格的回归结果	131
表6-4	淘宝"海信电视"样本对价格的回归结果	132
表6-5	京东"遮阳伞"搜索数据变量定义与说明	138
表6-6	京东"遮阳伞"搜索数据主要变量的描述性统计	139
表6-7	京东"遮阳伞"搜索数据主要变量的相关性检验	140
表6-8	京东"遮阳伞"样本对质量的回归结果1	141
表6-9	京东"遮阳伞"样本对质量的回归结果2	143

导　言

近年来,平台经济迅速崛起,平台企业已经成为我国引领科技创新、参与国际竞争的重要主体。在新冠肺炎疫情冲击与世界经济增速放缓的严峻压力下,以电子商务为代表的平台经济维持了稳定的增长态势。根据商务部发布的《中国电子商务报告2019》数据,2019年电子商务交易额为34.81万亿元,贡献了社会消费品零售总额增长的45.6%,在促进消费、稳定就业、保障民生、助贫扶贫方面发挥了重要作用。与此同时,因强网络外部性与零边际成本特性导致的"赢者通吃",使平台经济领域的垄断问题越来越突出。在此背景下,2020年11月10日,国家市场监管总局发布了《关于平台经济反垄断指南(征求意见稿)》(下文简称《指南》),标志着中国平台经济领域的反垄断监管工作正式展开。12月14日,国家市场监管总局经调查评估判定阿里巴巴收购银泰商业股权、阅文集团收购新丽传媒股权、丰巢收购中邮智递股权等3起案件均构成未依法申报违法实施的经营者集中,并对上述3家涉案平台企业作出每家50万元人民币罚款的行政处罚,彰显了政府切实推进平台经济反垄断进程的决心。

与传统经济主体不同,电子商务平台既是追求利润最大化、参与市场竞争的主体,又是制定多边用户交易、竞争规则的中介,因此反垄断监管必须同时衡量价格因素与非价格因素对平台间与平台用户间竞争的影响。排序机制作为电子商务平台匹配厂商与消费者交易的关键性机制,是由平台根据特定算法,系统地组织和处理信息后为用户提供的信息服务。一方面,排序机制是电子商务平台流量汇集与分配的关键性出入口,能够影响平台内经营者间的竞争秩序。另一方面,排序机制又是由逐利的电子商务平台企业根据保密算法自主设定的。因此,研判电子商务平台是否利用排序机制干扰平台内经营者的竞争秩序就成为平台经济领域反垄断监管的重要内容。近年来,搜索引擎平台滥用搜索排序机制的问题频频受到热议,比如欧盟、美国、巴西、印度和加拿大等相继就谷歌偏袒其自有垂直搜索引擎服务问题展开反垄断调查。再比如互动百科诉百度案。互动百科认为百度利用其市场支配地位，在搜索结果中降权处理甚至是屏蔽互动百科的相关信息，从而限制、排除竞争对手的竞争。目前，随着互联网平台规模的快速扩张，排序机制已经不再是搜索引擎平台的特有机制，而是广泛地存在于各类平台之中。相应地，滥用排序机制干扰市场竞争的问题也不仅仅出现在搜索引擎平台中，而是同时发生在各领域的平台中，尤其是媒介厂商与消费者交易的电子商务平台。根据Budzinski搜集的针对亚马逊的指控可知，有关亚马逊利用排序机制偏袒自有产品的指控不在少数，比如亚马逊通过排序机制提供误导性的价格信息，使得亚马逊自有产品的价差或折扣看起来比实际要大得多，从而欺骗消费者购买。

排序机制是平台经济的新兴产物，虽然国内外已经涌现出了大量相关的研究，但理论研究的进展仍然远远滞后于平台的创新发展速度，难以支撑反垄断监管实践。本书主要基于传统微观经济理论，结合近年来国内外学者对平台排序问题的研究成果，利用在淘宝、京东官网进行搜索试验所抓取的搜索排序数据，聚焦于占据电子商务平台70%以上流量的综合排序机制，系统地研究电子商务平台排序机制嵌入市场交易的作用机理、约束条件与福利影响，并探讨平台排序机制与市场价格机制的关系，力图解构平台经济条件下，内嵌排序机制的市场交易运行规律。

从理论层面来看，在传统微观经济理论中，信息完全且不存在任何交易成本，消费者的需求与厂商的供给都由市场价格信号这只"看不见的手"调控。但在电子商务平台媒介的市场交易中，信息不完全、不对称，排序机制不可避免地嵌入到了市场价格机制当中，排序位置成为影响市场交易的又一关键性因素。本书系统地研究了互联网平台特有的排序机制在嵌入市场交易后的作用与影响，丰富了双边市场理论中有关平台企业行为选择的研究，同时也丰富了传统微观经济理论对消费者选择与厂商竞争的研究。

从实践发展来看，平台经济领域的反垄断监管仍处于探索阶段，尤其是在判定平台是否滥用搜索排序机制方面仍然缺乏理论支撑，理论研究的进展仍然远远滞后于平台的创新发展速度。排序机制能够降低消费者搜索成本，提高消费者与厂商的匹配概率，从而提升稀缺资源的配置效率，改善社会福利。但与公开透明的市场价格机制不同，排序机制是由垄断平台基于保密算法人为设定的机制，当平台具有较强的市场势力时，排序机制就可能沦为垄断平台为谋取自身利润最大化的工具。本书研究了电子商务平台排序机制对消费者选择与厂商竞争的作用,探讨了垄断的电商平台利用排序机制干扰厂商竞争的动机与福利影响,并测算了淘宝与京东平台排序机制的非中立程度,能够为中国反垄断执法实践提供理论依据,具有重要的现实意义。

本书的结构

本研究力图解构平台经济条件下内嵌排序机制的市场交易运行规律。为达到这一目标,分别从排序机制的理论定位、排序机制对消费者与厂商行为选择的作用机理、电子商务平台构建排序机制所面临的约束条件及其对社会福利的影响四个部分展开研究。

全书总共分为七章。前两章为研究基础,第一章为文献综述,主要从现有的双边市场理论与搜索排序相关的研究成果两个方面梳理已有文献研究成果。第二章为电子商务平台的发展现状与垄断治理思路,主要分析了目前电子商务平台与排序机制相关的新型垄断问题和传统治理机制的不足。

第三章至第六章为本书的核心内容,对照传统理论中市场价格机制配置资源的原理,解构了平台排序机制配置资源的原理,着重探讨参与电子商务平台交易的主要经济主体——消费者、厂商与平台企业是如何在排序机制的作用下做出利润最大化的选择,从而影响社会福利的。其中第三章介绍了平台排序机制的本质,主要探讨平台经济领域内嵌排序机制的市场交易在微观经济理论中的定位,总括了平台排序机制影响资源配置的逻辑体系。

第四章主要探讨排序机制对消费者与厂商选择的作用机理。该章是在消费者与厂商信息不完全、不对称的条件下展开论证的,以消费者顺序搜寻理论与传统微观经济理论为理论基础,探讨与排序机制相关的排序位置、排序频率、搜索成本、搜索预期等关键因素对消费者需求与厂商供给的影响,并利用网络爬虫获取的淘宝搜索数据与手动摘录整理的相关卖家信息进行实证检验。

第五章关注的是平台企业与排序机制相关的行为选择。该章以双边市场理论和排序中立性理论为基础,分析了交叉网络外部性、厂商竞争与收费结构等关键因素对平台企业利润,乃至对平台排序非中立程度的影响。最终以理论分析辨明了垄断平台企业非中立排序的动机与条件,以数据分析证实了垄断平台企业非中立排序的存在(构建指标,利用从淘宝与京东官网上抓取到的8个行业关键词对应的搜索数据,对淘宝与京东排序机制的非中立程度进行测算与评估）。

第六章为电子商务平台排序机制对社会福利的影响。基于对网络外部性的分析，从产品价格与产品质量两个维度讨论了电子商务平台排序机制对社会福利的影响，并利用《中国工业经济》官网公开的数据，与从淘宝、京东抓取的数据，验证了排序位置与价格、质量之间的关系。

第七章是对全书的归纳总结，在概括全书主要研究结论的基础上，进一步探讨了市场价格机制与平台排序机制的关系，最后提出政策建议，指出在平台经济领域中，传统价格中心范式的反垄断规制体系已然失效，亟须建立以数据流量为中心的新型监管体系。

总的来说，相较于当前的其他研究，本研究主要在以下三个方面进行了创新性探索：一是试图探讨平台排序机制在微观经济理论中的定位；二是试图探讨平台排序机制与价格机制之间的关系；三是系统性地研究了电子商务平台的排序机制，试图解构内嵌排序机制的市场经济运行规律，发现"排序-份额说"与"排序-质量说"比传统微观经济理论中的"价格-份额说"更适用于电子商务领域。同时，本研究仍存在诸多不足之处，可供进一步研究探索：一是在理论方面，本研究主要聚焦于占据70%以上流量的综合排序机制，而对价格、信用、地理位置等其他排序机制讨论较少；并且本研究主要基于消费者顺序搜索模式进行分析，但在线市场中的消费者搜索模式还包括固定样本搜索模式，还可做进一步的研究探索。二是本研究主要探讨了收费结构与厂商竞争对垄断平台构建排序机制的影响，未能考虑平台间竞争的问题。三是本研究未能考虑消费者与厂商异质性的问题，且未能量化消费者预期，因此未能实证分析平台排序机制通过消费者预期影响消费者选择与厂商竞争的问题。四是囿于数据的可得性，实证研究以京东、淘宝为主要对象，未能包括近年来发展势头迅猛的拼多多。五是电子商务平台排序机制的算法设计与运行逻辑是平台企业的商业机密，无法获取，这不仅是理论研究的困境所在，也是目前世界各国反垄断执法在平台经济领域难以有效推进的关键困局之一。因此，本研究只能在分析电子商务平台官方披露的排序影响因子的基础上，尝试采用间接方式，以搜索试验结果反推排序机制设计，比如研究中利用指标比较淘宝与京东平台排序机制的非中立程度，而无法直接根据排序机制的算法设计进行分析判定。上述问题都有待在后续的研究中不断完善。

第一章 文献综述

本章首先从整体上归纳总结了目前电子商务平台的研究进展与双边市场理论的发展概况,并主要从价格策略与非价格策略两方面对既有双边市场理论进行梳理;其次聚焦搜索排序问题,归纳整理国内外现有的研究成果,尤其侧重追踪电子商务平台的搜索排序研究,从而为后文分析电子商务平台排序机制的作用机理、约束条件以及福利影响奠定基础。

一、电子商务平台与双边市场理论

(一)电子商务平台

21世纪以来,互联网、大数据以及云计算等高新技术在全球范围内高速发展,掀起了人们工作、生活方式的巨大变革。在此过程中,电子化、网络化以及信息化逐渐贯穿重塑了市场交易的各个环节,电子商务便由此形成。简单来说,电子商务(electronic commerce/e-commerce)即利用网络技术进行商品交易。通常来说,电子商务有广义与狭义之分。在1996年发布的《联合国电子商务示范法》中,将电子商务定义为"通过电子形式进行的商事活动",该定义内涵广泛,主要侧重于对电子工具的利用。在2019年1月1日开始正式实施的《中华人民共和国电子商务法》中,将电子商务的概念明确为"通过互联网等信息网络销售商品或者提供服务的经营活动"。[①] 显然,该定义将电子商务的内涵从电子工具进一步聚焦到互联网,属于通常所认定的狭义概念,也是目前学术界研究的主要对象。此外,根据交易对象的不同,可以将电子商务的交易模式简单划分为企业与企业进行交易的B2B(business to business)模式、企业与消费者进行交易的B2C(business to consumer)模式,以及个人与消费者

---

① 资料来源:《中华人民共和国电子商务法》。

进行交易的C2C(consumer to consumer)模式等。① 同时需要特别指出的是，早期国内外学者关于"电子市场"(electronic market)的大多数研究成果(Malone et al.，1987；Bakos，1997；O'Reilly and Finnegan，2009；Yoo and Kim，2012；蒋传海，2010；黄浩，2014)，以及目前关于"网络零售"(online retailing/electronic retailing/e-retailing)的主要研究成果(Bernsteina et al.，2008；Gensler et al.，2012；刘向东 等，2017；王宝义，2019；陈景信 等，2020；王国顺和王瑾，2021；田红彬 等，2021)，同样也在电子商务的范畴之内。显然，无论是利用电子工具，还是互联网技术，渠道的升级使得市场交易突破了时空的限制，能够显著降低买卖双方之间的交易成本，扩大市场交易的范围，从而促进分工细化、激励创新，有利于资源配置效率的提升。但是学术界对电子商务的研究并未简单停留在技术变革的层面上，而是深入聚焦到了因技术变革而形成的组织形式变化——电子商务平台的出现。

直观来看，电子商务平台就是为买卖双方进行网络交易所搭建的交易场所，同时为买卖双方提供支持交易达成的一系列技术工具与技术服务等。这样看来似乎仍然与上文所述的技术渠道层面的变革没有区别，但实质上平台这一互联网经济条件下所特有的组织形式的出现，使得传统经济理论受到了前所未有的挑战。从最基础的层面来看，在传统经济理论中，以效用最大化为目标的理性消费者在边际效用递减规律的约束下组成了市场需求的基础，以利润最大化为目标的厂商在边际产量递减规律的约束下组成了市场供给的基础，市场供需信息所产生的价格作为看不见的手配置稀缺资源，使供给与需求在动态变化中围绕着市场均衡状态不断调整。但在互联网经济条件下，平台是以什么样的目标，受制于怎样的约束条件，通过什么样的方式参与到市场交易当中，又是如何影响市场供给与需求变动的呢？时至今日，现有的研究成果依然未能达成一致，也不足以回答上述问题，这是学术界研究平台经济的根本困局所在。

目前，从国内外学者对平台内涵的认知来看，主要包括了以下四种观点：

其一是"平台-中介论"，即将平台视为媒介双边或多边用户进行市场交易的网络化中介机构。比如田洪刚(2017)指出，平台的本质是中介，主要作用是

---

① 事实上，还包括企业与政府进行交易的B2G(business to government)模式等；按经营模式还可划分为线下与线下进行交易的O2O(online to offline)模式、门店在线销售的O2P(online to partner)模式等。由于这些类型不是本书的主要研究对象，因此不再详述。

媒介双边用户的交易;而平台企业则是平台的所有者、提供者,或者说是平台的运营商,能够以网络效应促进双边用户达成交易并从中获利。在传统经济(特指与互联网经济相对的纯线下经济)中,中介机构同样存在,它是作为连接产品或服务买卖双方的组织,或从供应商那里购买货物,然后转售给买家;或帮助买家和卖家见面和交易,负责寻找供应商,寻找和鼓励买家消费,选择交易价格,定义交易条款,管理支付和交易记录,持有存货以提供流动性或提供商品和服务等。而互联网平台作为中介所具有的特性是:能够以极低的成本连接大量交易者自主进行跨时空限制的交易。可总结为极低成本、极高效率、极大数量、极广范围,这是传统线下经济所无法企及的。

其二是"平台-厂商论",即将平台视为追求利润最大化的厂商个体进行分析,平台作为厂商向平台用户提供技术服务支持,并收取技术服务费用从而获利。这部分研究主要聚焦厂商的定价与竞争,早期双边市场理论中关于平台价格策略的研究成果(Rochet and Tirole, 2003; Armstrong, 2006; Hermalin and Katz, 2016;霍红 等,2019;刘大为,2020;崔秀梅和刘阳,2020)就是将平台视为厂商进行分析的典型研究。但与传统经济中的厂商不同,平台用户间存在着网络外部性,即用户加入平台的效用与已加入平台的用户数量有关,因为每个用户在选择是否加入平台时只会考虑自身的效用,而不考虑自身加入与否会给其他用户带来的影响,因此这一现象被列入外部性的范畴。举个最简单的例子,当加入平台的卖家数量越多时,消费者加入该平台的效用也就越高,这就是典型的网络外部性。因此,平台企业定价与服务供给的逻辑与传统厂商大相径庭。

其三是"平台-机制论",即着重讨论平台撮合、约束交易的机制设计。Evans 和 Schmalensee(2005)指出,平台建立统一标准或全新的交易机制往往能够创造新的需求。Windows、iOS 等提供统一标准平台的操作系统,能够在同一平台整合不同用户的需求,为需求协调型平台;淘宝与 eBay 这类电子商务平台能够直接降低交易成本,为市场创造型平台;而爱奇异、优酷等视频媒体平台以网络内容吸引消费者,为受众创造型平台。其实,平台的交易机制包含着搜索排序机制、信用支付机制、质量保证机制、纠纷处置机制等多种机制,分别隶属于交易的不同环节。需要指出的是,这些机制实质上都是平台作为中介机构的功能延伸。具体来说,中介机构之所以能嵌入买卖双方的交易之间,主要是因为买卖双方之间存在着信息不对称问题。买卖双方严重的信息不对称带来了居高不下的信息费用,由于难以获取有效的产品、质量、信用与履约情况等信息,买卖双方无法有效连接,交易也无法得到保障,如阿克洛夫(1970)提出的逆向选择问题、威廉姆森提出的事前与事后的机会主义问题。[①] Spulber(1999)在其企业中介理论(The Intermediation Theory of The Firm)[②]中指出,市场信息不完善的类型决定了中介组织的活动,中介交易较直接交易具有许多优势,包括降低搜寻和议价的成本、减少道德风险和机会主义、减轻逆向选择的影响、帮助买卖双方做出可信的承诺,以及减少通过授权监督业绩的成本等。显然,平台的机制设计正是为了达到以上目的。

其四是"平台-生态系统论",即借鉴生物学科概念将平台视作一个完整的生态系统进行研究,强调各群体之间的相互作用与相互依赖关系。由此提出的"平台生态系统"(platform-based ecosystem)是比机制设计的内涵更加广泛的一种概念,指平台本身与能够提升平台价值的互补网络。具体来说,它是"由平台企业设计界面规则、开放架构吸引参与者进入,共同为用户提供产品和服务的一种结构安排"(Adner,2017;Jacobides et al.,2018;王节祥 等,2021)。目前与此相关的研究主要以平台企业为核心,从经济学视角、战略管理视角和战术管理视角进行研究(吴义爽和孙方正,2020),讨论平台的竞争、治理策略以指导商业实践,而较少讨论生态参与者的战略选择(Tavalaei and Cennamo,2020)。有学者指出,平台是通过一个共同的架构提供价值,其接口的概念可将生态系统划分为一个相对稳定的平台和一组互补的模块,平台企业能够控制这些不同组件之间的交互;而标准则定义了平台的技术规范(Suarez,2005),能够确保架构组件之间的兼容性(Eisenmann,2007),占主导地位的平台企业在标准的形成过程中扮演重要角色,因为一旦平台的网络用户达到了一定数量,平台中包含的技术规范就可以被视为实际上的行业标准。胡晓鹏(2016)通过引入共生理论解构平台生态系统的特性,指出平台共生包含着多平台间的共生与单个平台内部同品类电商间的共生两种内涵,并以数量模型构建了平台生态系统的动态演化机理和淘汰机理,探明了口碑、用户体验与信息质量对于平台持续发展的重要作用。

事实上,"平台-机制论"与"平台-生态系统论"反映出学者们已经意识到平台与传统厂商的关键性差异在于,平台能够以价格之外的策略影响交易对

[①] 机会主义行为指交易双方利用信息不对称,有意隐瞒或扭曲事实,损害对方利益而达到利己目的的行为。
[②] Spulber(1999)将企业视作供应商与客户之间的中介,对企业形成的根源进行分析,认为当买卖双方通过中介交易的收益超过直接交易时,企业就会形成。

手(即平台用户)。因此,以平台为主要研究对象的双边市场理论也从纯粹的价格策略研究开始向非价格策略转变。在这一过程中,始终不变的是将平台企业视为追求利润最大化的理性经济人。为进一步厘清电子商务平台的研究现状,下文将详细归纳梳理电子商务平台的重要理论基础——双边市场理论的发展概况。

(二) 双边市场理论

双边市场指由平台向双边用户提供服务,收取费用,最终促使双边用户发生关联的市场,一边用户的效用会受另一边用户(规模或服务)的影响。Rochet 和 Tirole(2003)是最早研究双边市场的学者,与传统经济学中强调单一的价格水平不同,他们在研究双边平台时更加关注"价格结构"。具体来说,他们观察发现,连接双边用户的平台对不同边用户的定价是不同的,往往表现出对一边用户收取较高价格,而向另一边用户收取较低的价格甚至是免费(有时还会提供补贴),比如 Windows 操作系统会补贴软件开发商而对消费者收费。Rochet 和 Tirole(2004,2006)进一步指出,双边平台可以通过调整价格结构,在价格总水平保持不变的情况下改变平台用户间的交易总量。

在 Rochet 和 Tirole(2003)研究的基础上,Armstrong(2006)将"交叉网络外部性"视为双边市场的核心特质,简单来说就是当平台拥有买卖双方两组用户时,买方(一组)用户的效用与卖方(另一组)用户的规模有关。因此,当平台对买方用户收取低价格或提供补贴以期能够吸引更多买方加入平台时,卖方的数量也会增加,原因是买方数量增加能够提升卖方潜在利润,吸引更多的卖方加入。正反馈效应会使双边用户数量不断增长,最终导致"赢者通吃"。进一步地,Armstrong(2006)还提出了研究双边市场的基础理论模型框架,主要包括三部分内容:第一部分是反映双边用户间"交叉网络外部性"的垄断平台模型,指出追求利润最大化的平台会向相对缺乏需求弹性的一边用户收取高于边际成本的价格,而向相对富有需求价格弹性的一边用户收取低于边际成本的价格;第二部分是利用霍特林模型分析了双寡头平台的利润最大化决策,指出分成交易收费相较注册制收费能有效降低平台双边用户间的交叉网络外部性,从而弱化寡头间的竞争,增加平台利润;第三部分是基于一边用户单归属而另一边用户多归属特性构建的"竞争瓶颈"模型,指出平台在单归属用户一边处于竞争地位而在多归属用户一边处于垄断地位,因此追求利润最大化的企业会向多归属用户收取高于边际成本的价格,而向单归属用户收取低于边际成本的价格。目前国内外经济学者对于双边市场的研究绝大多数都是在上述理论模型的基础上进行分析的。

一些学者将 Rochet 和 Tirole(2003)与 Armstrong(2006)的研究成果视为两种不同的学说,认为:前者可称为"价格非中性学说",强调以价格结构作为判定双边市场的条件,实质上是通过交易外部性对双边市场进行定义;后者可称为"交叉网络外部性学说",强调以交叉网络外部性作为判定双边市场的关键,实质上是通过成员外部性对双边市场进行定义(Hermalin and Katz,2016;刘洪波,2019)。另有一些学者认为,价格结构非中性和交叉网络外部性均是双边平台的主要特征,当参与平台的任何一组用户总量发生变化时,另一边用户都不可避免地要受到影响,而平台对双边用户非对称的定价策略会影响双边用户的总量(Roson,2005;White and Weyl,2010;董亮和赵健,2012)。但事实上,价格结构非中性与交叉网络外部性是不可割裂的,造成平台非对称定价的原因主要有两方面:一方面是因为双边用户之间存在"交叉网络外部性",所以对买方用户提供的补贴可以通过向卖方用户收取高价得到弥补;另一方面则是因为不同边用户具有不同的价格需求弹性,同样程度的价格变化会导致两边用户总量不同程度地变化。事实上,Rochet 和 Tirole(2003)也讨论了交叉网络外部性的内涵,只是并未明确提出这一概念,并且所得到的结论是平台会向高需求价格弹性的用户收取高价格,而向低需求价格弹性的用户收取低价格,这有悖于经济学常识,也有悖于现实经济现象。但必须认识到,该文对交叉网络外部性内涵的开创性探索为后续的研究奠定了重要基础。

1. 双边平台的价格策略

由于平台之间竞争的关键在于用户数量,因此许多研究都旨在分析平台如何吸引用户加入(Gawer,2014)。许多案例的调查结果都表明,平台企业主要通过加大折扣力度来补贴平台的一方用户,以吸引另一方加入,所以大多数经济学者都将其研究聚焦在了平台定价问题上。平台的定价方式或收费模式主要被划分为三种:会员费模式(又称固定制收费模式)、分成费模式(又称比例制收费模式)以及混合收费模式(又称两部制收费模式)。学者们分别基于不同的收费模式,对平台垄断与竞争的问题进行了探讨。Armstrong(2006)的研究表明,当平台收取分成费时,平台用户之间的交叉网络外部性弱于平台收取会员费时的情况。纪汉霖(2006)比较分析了不同收费模式下的平台利润和社会福利,指出收取会员费更能够促进平台间的竞争,从而提升社会福利。

陈朋等(2018)通过计算机仿真对数字内容平台进行分析发现,同时包含会员制收费与分成制收费的混合收费模式更加有利于消费者。夏德建和王勇(2018)则进一步讨论了以交易额、交易量或交易频次为基准的三种不同分成收费模式。

上述研究以单期定价模型为主,反映了交叉网络外部性与用户多归属特性对平台企业定价策略的影响。总的来说,交叉网络外部性使平台倾向于采用非对称价格策略来实现利润最大化,并且使平台用户之间产生正反馈效应,最终使先进入市场的平台"赢者通吃";而用户多归属会加剧平台间的竞争,使平台选择制定较低的价格,从而提升社会福利。Hermalin 和 Katz(2016)指出,交叉网络外部性使平台的最优定价脱离边际成本,达到零价格甚至是负价格,这与传统经济理论中定义的掠夺性定价有本质区别,是平台采取的正当竞争策略,甚至有利于增进社会福利。需要指出的是,正是双边市场中被视为"正当的"零、负价格策略,给反垄断实务部门识别平台企业滥用市场支配地位的行为带来了严峻的挑战。

随着研究的深入,学者们意识到交叉网络外部性并不是影响平台定价的唯一因素,因此平台类型、平台性质、用户性质等许多因素都被纳入了当前平台定价研究的范畴之中。在媒体平台的定价研究中,叶琼伟等(2016)指出,用户数量足够大时,尽管广告价格会随"用户规模"的增长而降低,但此时广告商的利润会提高。张翼飞和陈宏民(2019)发现,信息服务平台企业定价会随着市场规模的扩张而提高,原因在于大型信息服务平台的效率更高。霍红等(2019)分析了视频平台的定价决策,研究表明,视频平台应当根据用户广告容忍度与非会员购买意愿,确定广告量与会员价。而在供应链金融平台的研究中,占永志与陈金龙(2020)指出,平台自身的信用水平会影响到平台的最优信贷利率与最优融资利率。郑海英(2019)讨论了电商平台的定价策略,认为电商平台应结合价格透明度与价格可变性制定价格策略;内容电商应该选择较低的价格透明度和较低的价格可变性;小程序电商应选择较低的价格透明度与较高的价格可变性;社交电商应选择较高的价格透明度和较低的价格可变性;传统电商应选择高价格透明度和高价格可变性。

但在多期动态博弈分析中,品牌价值、用户忠诚度、用户满意度以及用户心理成本等因素对平台企业定价决策的影响则更加突出。比如在两阶段博弈定价的相关研究中,胥莉等(2009)的分析表明,品牌价值较高的平台企业可以对两边用户实行差异度更加突出的价格策略,从而提升平台竞争力;张璇等

(2019)则将用户忠诚度纳入平台定价模型,建立了包含忠诚用户与非忠诚用户的两期动态博弈定价模型,研究发现,当平台扩大一期市场份额时,由于忠诚用户的存在,平台二期的市场份额和定价都会提升,所以培养忠诚用户有助于提高网络平台的竞争力。张凯等(2017)比较了不同战略情形下,双边平台在考虑用户满意度时的两期最优定价策略。此外,还有一些学者将用户心理成本纳入了平台定价模型中进行分析。用户心理成本的概念来自心理学,反映的是用户在持续消费中由消费的快感与付款的痛苦累积而形成的一种心理上的成本。Soman(2001)通过实证研究表明,心理成本确实会抑制消费者的消费;Dutta等(2013)的研究表明心理成本会影响企业定价。在这些研究的基础上,刘大为(2020)分析发现,当用户心理成本较高时,垄断平台收取会员费更有利,反之则收取分成费更有利;而在双寡头平台竞争中,无论用户心理成本如何,两家平台在均衡时总是一家选用分成收费,另一家选收会员费。

此外,学者们还探讨了双边市场中平台的价格歧视问题。一些学者主要是从平台对不同边的用户实行非统一定价策略着手进行分析的,但这类分析往往忽视了平台对同一边用户的歧视性定价问题。还有一些学者在传统微观经济学的框架下探讨了平台对消费者的价格歧视问题(Zhang and Liu, 2016),包括捆绑销售、"兑奖券"、三级价格歧视等,但问题是少有涉及交叉网络外部性对平台价格歧视策略的影响。近年来,有许多学者将目光聚焦在了基于重复购买的跨时价格歧视与云计算价格歧视(Wei et al., 2018)方面。其中,跨时价格歧视主要是利用两阶段双寡头博弈模型进行平台利润最大化的决策分析,旨在揭示平台奖励老用户忠诚与降价吸引新用户等价格策略的内在逻辑;而大数据价格歧视则主要分析平台对消费者进行精准歧视的价格策略及其福利影响,这是以平台对用户行为数据的积累和对大数据、云计算等互联网技术的应用为基础的。

2. 双边平台的非价格策略

与传统分析不同的是,双边平台所构建的双边市场属于复合的生态系统。首先,由于平台拥有不同类型的终端用户,并且终端用户之间存在着复杂的关联关系,所以不仅要考虑平台对消费者、商户双边终端用户[①]各自的定价问题,还要考虑交叉网络外部性对平台价格策略造成的影响。事实上,由于同边

---

① 平台的价格歧视还包括对广告商、信息需求商等多类终端用户的价格歧视。此处主要探讨对消费者与商户的价格歧视问题。

用户的数量增减会影响到另一边用户的规模,从而会影响到同边用户的效用。因此,即使在讨论平台对同边用户所采取的价格策略时,仍然不可忽视交叉网络外部性的作用。其次,由于平台拥有复合的策略工具,所以不仅要考虑电子商务平台对终端用户的价格策略问题,还要考虑平台为实现利润最大化而实施的辅助性、补充性的非价格策略,否则可能造成对相关经济主体福利变化的误判。最后,由于影响平台消费者效用的因素不仅包括价格与规模大小,还与服务、产品质量等因素有关,所以不仅要考虑电子商务平台定价对终端用户效用的影响(包括直接影响和通过影响终端用户规模而对另一边用户效用的间接影响),还应当考虑定价之外如服务投入等因素对终端用户效用的影响。可见,传统聚焦于平台企业纯价格策略的研究,因为忽略了平台终端用户间关联的复杂性、价格策略与非价格策略间的互补性,以及影响终端用户效用因素的多样性,已经越来越不足以解释电子商务平台发展过程中的实践问题。因此,近年来有越来越多的学者将研究的重心转向了非价格策略以及价格策略与非价格策略的关系。

平台所有者面临的非价格决策涉及平台的战略选择和管制方法,对于平台各方的参与积极性以及竞争力具有重要的影响。战略管理研究重点关注企业获得竞争优势的战略举措,换言之,战略管理研究试图从解释网络市场竞争结果,转向寻找可能影响平台企业成败的因素和行动,比如平台企业的技术管理策略(Gawer, 2014; Anderson Jr et al., 2013)、平台进入时机选择与质量选择策略(Zhu and Iansiti, 2012)等。此外,还有一些涉及平台兼并策略的研究,包括平台的横向兼并策略(Jeziorski, 2014)、纵向兼并策略(万兴和杨晶,2017),以及对角兼并策略(曲创和刘洪波,2017)。

一部分学者分析了平台企业基于技术管理的竞争策略。Gawer(2014)指出,平台企业可以将复杂的系统分解为由标准化接口连接的离散组件来促进创新,从而提升竞争力。Anderson Jr等(2013)考虑了平台技术更新换代的问题,他们发现,快速的技术迭代可能会对平台企业产生不利的影响,技术水平较低的平台应加大对第三方的开放力度。

另有一些学者着重研究了在位平台与新进入平台的非价格竞争策略。考虑到对平台增长潜力的预期会影响用户的产品选择,企业会有强烈的动机暗示和调节用户对其未来主导地位的预期(Chintakananda and McIntyre, 2014; Fuentelsaz et al., 2015)。又由于早期用户的数量被视为平台增长潜力的信号,因此一些学者将注意力集中在企业进入时机的决策研究上。一般认为,越早进入市场对平台企业越有利,先入平台会"赢者通吃"。但另有一些研究指出,早期进入市场可能有害于公司,许多后入者可以超过主导企业,阻止他们保持早期的主导地位。这些研究认为平台企业应当采取更稳健的策略,而不是简单地急于取得先发地位。比如有学者认为,产品质量才是决定市场成败的关键因素,占据主导地位的平台往往是那些质量最高的平台。Zhu 和 Iansiti(2012)探讨了间接网络效应①、平台质量以及用户对新入平台的战略意义,研究结果表明,平台进入市场的成败取决于用户预期与网络外部性强度,而非用户基数,先进入的平台如果想保持优势,可以选用差异化的产品与新平台进行竞争。

二、搜索排序的研究进展

搜索排序实质上对应着两层内涵,即搜索和排序。简单来看,搜索指的是对信息的搜寻与检索,而排序服务于搜索,主要是对信息进行加工与处理。可见,是因为有了搜索的需求,才会有排序的供给,那么搜索又因何而形成的呢? Stigler(1961)率先对"搜索"进行了鞭辟入里的剖析。他指出,在经济市场中,产品及价格的信息往往是分散的、变动的,没有人能时刻掌握市场中各个卖家提供的产品信息与价格信息,买方(卖方)只有通过仔细探查各个卖方(买方)的情况才能确定自己最满意的价格,而这一探查的过程就是搜索(Search)。由此易知,搜索产生的根源是信息不完全、不对称,买卖双方通过搜索过程获取信息,并以此为基础达成交易。在互联网经济条件下,技术渠道的铺设虽然已经大幅降低了交易成本,但由于产品和卖家的数据激增且变动频繁,在线消费者仍然面临着潜在的巨大的信息获取成本(Dinerstein et al., 2018),甚至有些学者认为,与传统的线下交易相比,线上交易存在着更为突出的信息不对称问题(钱炳和周勤,2012)。在线消费者面临的显著的信息成本形成了消费者的搜索需求,由此便催生了互联网平台的排序机制。互联网平台排序机制指的是平台企业基于对用户数据的计算分析,将用户的关键性数据(信息)按照特定的次序,向其他用户排列展示的机制。平台排序机制能够帮助买家方便快捷地寻找到心仪的商品,节约交易成本(Ursu,2018),实现买卖双方之间

---

① 间接网络效应与直接网络效应相对,且与网络外部性概念不同,具体分析见本书第七章关于网络外部性的论述。

的高效匹配,从而提升稀缺资源的配置效率(孙浦阳 等,2017)。

自欧盟、美国、巴西、印度和加拿大等就谷歌偏袒其自有垂直搜索引擎服务的问题展开反垄断调查后,国内外关于互联网平台搜索排序的研究成果便开始大幅增加。最初,学者们主要针对搜索引擎的搜索排序问题进行分析,比如 Goldman(2011)对谷歌是否存在偏袒行为的分析;Edelman and Lai(2016)通过自然实验方法对谷歌排序动机的研究;仲春(2016)对搜索引擎滥用搜索排序权问题的分析;曲创和刘洪波(2017)利用搜索试验对必应(Bing)、雅虎(Yahoo)与谷歌(Google)搜索排序策略的剖析等。后来随着研究的不断深入,电子商务平台(Armsgrong, 2017;De los Santos, 2017;Fishman and Lubensky, 2018;王宇 等,2019)、酒店预订平台(Chen and Yao, 2016;Ursu, 2018)等其他领域的搜索排序问题也成了重要的研究对象。下文将从搜索排序对厂商竞争的作用与对社会福利的影响两个方面对既有文献进行归纳整理。

1. 搜索排序对厂商竞争的影响

这部分的研究主要是以消费者搜寻理论为基础展开的,原因是最终决定厂商竞争结果的是消费者选择,消费者购买越多,厂商销量越多,则厂商的竞争优势越突出,但由于信息不完备,消费者的选择通常仅局限于消费者的搜索范围内。消费者搜寻理论发轫于 Stigler(1961),该理论认为消费者的搜索一般都遵循着固定的模式。通过归纳消费者搜寻理论的研究成果可以发现,目前主要有如下三种消费者搜索模式[①]得到了较为广泛的应用:

第一种是消费者随机搜索模式,指的是消费者以随机方式对市场中的厂商产品进行搜索。在这种模式下,消费者在搜索之前不存在任何特定的偏好,任何一家厂商的产品信息都以均等的概率被消费者获取。该模式的提出者是 Stigler(1961),后由 Lippman 和 McCall(1976)发扬光大,直到王宇等(2019)分析平台在不排序情况下的厂商质量选择问题时,仍然采用了消费者随机搜索范式构建数理模型。他们指出,技术水平不同的厂商会以同等的概率被消费者搜索到,因此随着平台厂商数量不断增加,单个厂商能够被消费者搜索到的概率均会下降,此时厂商生产高质量产品的利润也会不断下降。所以,该研究认为,产品质量下滑是平台规模扩张的必然结果。显然,由于任何一家厂商被搜索到的概率相同,在该种搜索模式下排序对厂商竞争而言无关紧要,又或

---

① 关于三种搜索模式的详细讨论与对比分析,可参考本书第五章第一节的内容。

者说只有不存在排序时,消费者才有可能采用随机搜索模式。

  第二种是固定样本搜索模式,是指由于消费者存在特定的偏好或搜索成本较高时,消费者只会选择搜索固定数量或特定厂商的产品信息,并只在搜索范围内作出购买决策。Burdett 和 Judds(1983)是较早提出这种消费者搜索模式的学者,De los Santos 等(2012)与 De los Santos(2017)则率先在电子商务平台领域证实了固定样本搜索模式的存在。他们利用 2002 年与 2004 年互联网用户在线浏览与交易的跟踪数据,对消费者在购买图书时的搜索行为进行了归纳总结,发现只有 1/4 的消费者会浏览一家以上的书店信息,并且消费者均明显地表现出了对亚马逊平台的强烈偏好,原因是当时亚马逊的新书价格通常是最低的,尤其是畅销书折扣非常高。基于此,他们认为消费者购书的搜索模式更加符合固定样本搜索模式。在固定样本搜索模式中,消费者的搜索范围极其有限,且主要依据历史信息和自身偏好选择厂商与产品,排序对厂商竞争的作用有待进一步的研究。

  第三种是顺序搜索模式,即按照特定的次序对厂商产品进行搜索。Wigderson(1986)指出,随机搜索在现实生活中较为少见,原因是买方的搜索方式或搜索次序很容易受到时间、地理位置与信息结构的影响,这使得卖方往往能够确切地掌握买方的搜索次序,此时搜索过程可以被看作是"买卖双方在不完全信息的情况下进行策略性博弈的过程"。Rhodes(2011)将顺序搜索模式的研究纳入互联网经济当中,认为随机搜索与固定样本搜索并不能很好地解释在线消费者的搜索行为,因为在线消费者一般是按照平台提供的搜索结果由上而下地依次浏览。类似地,Armstrong(2017)在其研究中指出,消费者有可能事先就知道自己想要什么,因此不需要进行市场调查;消费者也有可能会因为消息不灵通而随机地从一个选项切换到另一个选项,直到他发现足够好的搜索结果;但是在这两个极端之间,消费者更喜欢特定的搜索顺序。在这种情况下,由于搜索成本的存在,在线消费者很难遍历所有搜索结果,往往只在有限的搜索范围内选择产品进行交易。此时,互联网平台所提供的厂商"排名"(ranking)、厂商位置的"优先度/突出度"(prominence)以及平台设计(platform design)在厂商竞争中的作用就尤为突出。但到目前为止,学者们仍未能就此议题达成一致看法。

  一部分学者研究认为,厂商的排序位置越靠前,则厂商在竞争中越具有优势。Armstrong(2009,2017)的理论研究表明,厂商的排序位置越显著,则厂商的利润越高。Rhodes(2011)的研究进一步指出,即使搜索网站和比较产品的成本为零,排序位置显著的零售商仍然能比其他公司赚取更多的利润。在搜索引擎领域的实证研究中,Ghose 和 Yang(2009)发现,排名第一的链接具有最高的用户点击率与购买率;Rutz 等(2012)采用潜在变量法证明了排序显著程度与对应广告链接的点击率与转化率成正比,前者越显著,则后二者就越高;Narayanan 和 Kalyanam(2015)利用断点回归法也证明了类似的结论。在酒店预订平台的实证研究中,Ursu(2018)利用在线酒店预订平台 Expedia 的数据量化研究了搜索排序位置与消费者搜索、购买决策的关系。在电子商务平台的实证研究中,Kim 等(2010)发现消费者的选择会受到搜寻成本的影响。吴德胜和任星耀(2013)实证分析发现淘宝平台的价格排序、信用度排序对销量的影响都十分显著。刘洪波(2019)的研究也表明,淘宝平台的排序位置对消费者的选择与厂商销量影响显著。

另一部分学者不赞同上述观点,他们认为显著位置的厂商利润可能不及中间位置的厂商。原因有二:其一,厂商为争取靠前排序位置所耗费的成本可能要远远高于中间位置的厂商,这会薄削厂商在靠前排序位置的利润。比如 De Los Santos 和 Koulayev(2017)的研究表明,在线酒店预订平台中,排序位置居中的卖家具有远高于靠前排序位卖家的点击率。其二,回溯成本会使消费者更倾向于选择居中,甚至靠后位置的卖家。Novarese 和 Wilson(2013)研究了工作论文平台中排序位置对下载量的影响,结果发现靠后的论文下载量要比平均下载量更高,这可能是由于回溯成本导致的。还有一些学者认为,消费者只有在找到满意的产品后才会停止搜索,但如果消费者未能找到非常满意的产品,则有可能就近选择靠后位置的产品,因为返回寻找靠前商品的成本过高(Fishman and Lubensky,2018)。

还有一些学者从平台排序策略、厂商定价策略以及其他用户策略的视角来研究排序对厂商竞争的影响。就平台排序策略来看,Song(2017)认为平台有动机促使消费者购买处于显著位置厂商的产品。Chen 和 Yao(2016)聚焦于平台排序机制中的筛选工具,分析了其对消费者搜索和市场结构的影响。这项基于蒙特卡洛模拟方法进行的研究指出,在酒店预订平台中,筛选工具能够提升消费者效用从而增加消费者搜索行为,并且能够有效促进竞争。类似地,Dinerstein 和 Einav(2017)通过重新设计电子商务平台 eBay 的排序机制发现,相比以相关性确定的排序机制,增加筛选工具并优先使用价格对卖家进行排序,会使产品交易价格普遍下跌,零售利润下降。这表明,互联网平台的筛选工具与价格排序能够更加有效地缩小消费者选择范围、降低市场集中程度。Ursu 和 Dzyabura(2018)认为,平台会蓄意增加消费者的搜索成本,将更受消费者欢迎的产品排列在搜索成本更高的位置,通过增加消费者的搜索过程提升平台收益。就厂商定价策略来看,Ellison 和 Ellison(2009)指出,卖家会采取以低价博取靠前排序,以高价产品赚取利润的组合定价策略。Arbatskaya(2007)的研究考虑了消费者异质性(搜索成本),认为在显著位置的厂商拥有较强的市场势力,因此会制定高价赚取超额利润,厂商产品的定价与排序位置优先度呈正相关,会随着排序位置的下降而下降。Armstrong 等(2009)与 Armstrong(2017)并不赞同这一观点,他们的研究指出,排序位较显著的厂商会降低价格来吸引消费者购买,而当消费者搜索范围包括排序位靠后的厂商时,说明排序靠前的厂商并不符合消费者偏好,这时排序靠后的厂商反而可以通过制定较高的价格来获取利润。就其他用户行为的影响来看,钱炳和周勤(2012)的实证研究表明,淘宝网中买家对卖家的差评会对产品价格产生负面作用。苏强等(2014)剖析了淘宝平台中出现的职业差评师现象,并利用1017个淘宝网店的数据分析了差评对好评率的影响程度以及好评率对销售额的影响。

2. 搜索排序对社会福利的影响

平台企业往往选择将流量作为关键资源参与平台战略,并且阿里巴巴等电子商务平台存在着"员工以平台资源配置权入股平台店铺"的"钱权交易"问题(汪旭辉和张其林,2015)。这表明天猫、淘宝等电子商务平台不仅能够以价格机制实现资源配置,还能够通过流量分配影响资源配置。比如天猫店铺"韩都衣舍"便是在平台优先导入流量,开展联合促销,打造"爆款"的基础上发展起来的。从这一角度来看,互联网平台的搜索排序算法,实质上影响着平台流量资源的配置。仲春(2016)指出,互联网用户搜寻信息有赖于搜索引擎,同时各网站展示信息也有赖于搜索引擎,这就赋予了搜索引擎对各类网站施加影响的权力。将该研究从搜索引擎领域移植到电子商务平台领域同样适用,即消费者搜寻信息受平台排序算法的影响;而厂商又需要通过平台排序机制展示产品信息,因此电子商务平台能够以流量分配策略对各种厂商施加影响力。电子商务平台如不能合理使用搜索排序权,就有可能导致创新受挫、社会福利受损。那么,问题的关键就在于,什么样的排序机制能够增进社会福利?

Armstrong(2017)将影响社会福利的根本因素归结为消费者搜索模式。他在研究中指出,顺序搜索模式下,排序位置显著的卖家会以低价格博取高份额得到较高利润;而排序位置不显著的卖家则能以高价格弥补低份额的劣势获取利润。可见,搜索成本使不同位置之间的卖家竞争被弱化,所以相比随机搜索模式,消费者顺序搜索模式的社会福利更低。但更多的学者将目光集中在了平台的排序策略上,此时"排序中立性"便应运而生。"排序中立性"指的是搜索引擎应该以相关性作为搜索结果排序的根本指标,而不应为了获取利润弱化相关性的权重。排序中立性源自网络中立性,由 Wu(2003)率先提出,其实质是规范网络运营商对内容提供商的服务与定价,以避免网络运营商滥用市场势力损害社会福利。Bourreau 和 Lestage(2017)认为无定价规则(no-pricing rule)与非歧视规则(no-discrimination rule)是网络中立原则的核心,前者禁止网络运营商就传输网络内容服务向内容提供商收费;后者要求网络运营商不得向内容提供商提供差异化服务。可见,排序中立性简单来说就是满足平等、客观、相关性为先、无操纵等基本原则的排序(Grimmenlmann,2011)。① 但这一概念自问世起,便颇具争议性。

首要的问题是,排序中立性是否具有可辨识性?一些学者认为将排序中立性作为平台搜索排序的规范要求缺乏可行性,即是否符合中立原则缺乏科学有效的鉴别方法,原因在于排序机制本身就意味着排序结果有先有后,而平台也不可能将作为商业秘密的排序算法进行公开。但 Edelman(2011)提出,可以通过以下三种方式识别平台是否遵循排序中立原则:第一种是比较不同平台的排序结果差异;第二种是比较同平台不同时段的排序差异;第三种是比较不同形式相同内涵的关键词所对应的排序结果差异。

其次,符合中立原则的排序机制是否就是有利于社会福利增进的呢?学者们的观点也大相径庭。一部分学者支持平台遵循搜索中立原则,认为该原则能够增进社会福利,即非中立的排序结果会损害社会福利。Hagiu 和 Jullien(2011)认为拥有市场支配地位的搜索引擎平台会操纵排序结果,广告商产品得到优先展示,从而获取利润。Edelman 和 Lai(2013,2016)的研究均证明,谷歌确实存在优先展示自有搜索链接的动机,这会使消费者效用受损。Coucheney 等(2014)认为,搜索引擎平台若违背中立原则,会使独立垂直搜索引擎的厂商面临不公平的竞争,还会使得其他潜在竞争者的创新与进入激励受损。仲春(2016)认为,反垄断执法部门应当密切关注平台搜索排序的经济技术特征,防止垄断平台滥用搜索排序权。另有一部分学者则反对实行平台中立原则,主要的观点有四种:第一种是"排序偏袒有益"论,即搜索引擎平台

---

① 关于搜索中立性的具体介绍,可见本书第六章第一节。

并不存在滥用搜索排序权的行为,优先显示部分搜索结果是搜索引擎平台竞争的结果(Manne and Wright,2012),能够帮助消费者更高效地获取信息(Goldman,2006;Goldman,2011);第二种是"排序偏袒无用"论,搜索引擎平台的市场进入壁垒较低且转移成本较低,无法拥有市场势力(Goldman,2011;Ammori,2016),即使搜索引擎平台占据市场主导地位,但由于消费者的接入方式是多样的,搜索引擎平台无法将其市场支配地位传导到垂直搜索引擎市场(Crane,2012a;Crane,2012b),也就无法滥用搜索排序权,因此没有必要以排序中立原则对搜索引擎平台进行约束;第三种是"排序中立有害"论,排序中立原则会产生一系列的负面影响,比如挫伤互联网平台创新的积极性(Grimmelmann,2011;Crane,2012b),并且这种负面影响远远超出了排序偏袒所导致的负面影响(Lao,2013),因此应当两害相权取其轻;第四种观点则认为,搜索引擎平台在竞争过程中所实施的歧视行为对社会福利的影响不确定(Corniere and Taylor,2014)。

三、对国内外文献的评述

近年来,已经有越来越多的经济学者开始关注互联网平台及其搜索排序的问题,本章主要对这些研究成果进行归纳整理。具体来说,本章以"平台-中介"论、"平台-厂商"论、"平台-机制"论与"平台-生态系统"论为线索梳理了电子商务平台的相关研究成果;以价格策略与非价格策略解构了双边市场理论的发展概况;以消费者"随机搜索模式""固定样本搜索模式"与"顺序搜索模式"作为分类依据,归纳了平台排序机制影响厂商竞争的研究成果;最后以"是否支持排序(搜索)中立性原则"为矛盾点,揭示了现有研究成果在"排序机制如何影响社会福利"这一议题上的观点分歧。

具体来说,在现有的双边市场理论中,学者们对双边平台价格策略的研究基本遵循传统西方经济学的范式,在考虑双边用户间交叉网络外部性的基础上,分析平台利润最大化的定价决策问题。但是与传统理论中对消费者与厂商的单一定位不同,平台是复合的生态系统,平台能够采取价格与非价格的复合策略,而非传统理论中的单一价格策略,这就使得仅基于价格策略分析的平台市场理论难以解释现实中多样的经济现象,也难以准确地利用现有理论来剖析平台市场。基于此,已有许多研究开始转向平台的非价格策略。目前对非价格策略的研究涉及进入时机选择、卖家创新激励、质量控制等多个方面,本研究方向为排序机制问题,因此主要聚焦搜索排序问题的研究。对于该问题,国外学者已经在理论和实证层面上做出了许多创新性的探索,但这些研究成果大多分散割裂,未成体系,并且许多研究结论仍然存在很大的争议,很难用于指导实践。而国内对排序机制的理论研究与实证研究都相对较少,近两年才逐渐开始受到较多的关注。总体来看,目前理论界仍然缺少针对电子商务平台排序机制的研究体系,也鲜有学者在理论层面上研究平台排序机制与市场价格机制的关系,就平台排序机制如何影响社会福利这一问题,也没有达成共识。本研究将在前人的研究基础上,尝试探索上述问题。

第二章　电子商务平台的发展现状与垄断问题

近年来全球电子商务发展势头迅猛,以其特有的极低成本、极高效率、极大数量、极广范围优势,深刻地重塑了市场交易方式。在中国,得益于大规模的网络基础设施建设以及层出不穷的商业模式创新浪潮,电子商务交易的总规模已经占据了全国社会消费品零售总额的半壁江山。一方面,电子商务打破了线下零售行业固有的地域分割格局,以发达的物流仓储体系将全国市场统筹整合于线上,贯通了厂商与消费者的直接交易渠道,使市场范围得到了前所未有的扩张,产品服务的生产效率大幅提升,交易费用与交易价格全面下降,促进了国民经济发展;但另一方面,电子商务也打破了传统的行业界限,形成了以超大型网络平台企业为核心的全新的商业生态系统,颠覆了传统经济理论对企业组织的认知,数据垄断与流量垄断等新型垄断问题的出现致使传统治理机制失效,电子商务平台治理亟须理论支撑。

一、电子商务平台的发展现状

近年来,由于互联网技术日新月异的发展速度,互联网的使用成本不断降低,互联网普及率不断增长。由 Internet World Stats 发布的数据可知,2020 年 6 月底,全球已经有超过 62% 的居民使用互联网,其中美洲的互联网渗透率最高,达到了 78.3%;非洲最低,但也已经接近 50%。广泛普及的互联网技术为电子商务的发展奠定了坚实的技术基础,同时极低成本、极高效率、极大数量、极广范围的优势也为电子商务的发展铺就了康庄大道。目前,全球电子商务已经进入高速发展期,主要表现出以下特点:第一是市场规模巨大,至 2019 年底,全球电子商务的零售交易额已经超过了全球零售交易总额的 14%;①第二是移动电商增长迅猛,全球移动电商交易发展在 2019 年屡创新高,共有超出 54 亿次的网购 App 下载量,同时网络 App 日均使用时长的增长速度更是惊人,巴西、印度以及印度尼西亚的增长率分别达到 30%、50%,以及 70%以上;②第三是区域分布不均衡,市场集中度高,根据 eMarketer 披露的零售电商数据,中国的交易总规模占据全球第一,美国第二,英、日、韩三国分列第三、第四与第五名,并且这五个国家的零售电子商务交易规模总和占据了全球总规模的 80%以上,同时,全球访问量排名最高的超大型跨境电子商务平台也主要隶属于中美两国,如美国的 Amazon、eBay 和中国的 AliExpress(阿里巴巴构建的全球速卖通平台)、JD Worldwide(京东构建的京东国际平台),以及 Tmall(阿里巴巴构建的天猫平台)等。

在全球电子商务飞速发展的大趋势、大背景下,中国电子商务平台的发展也不甘落后。下文将主要从发展水平、发展阶段以及主要商业模式这三个方面分析中国电子商务平台的发展现状。

首先,从市场规模、增长速度、用户数量等关键指标来看,中国电子商务平台的发展水平位居世界前列。2019 年中国以 34.81 万亿元的成交额实现了 6.7%的增长,其中网络零售以 10.63 万亿元的成交总额实现了 16.5%的增长;③而同年,美国的网络零售交易总额则为 6 020 亿美元,增长率为 14.9%。④ 由此也可以证实,中国电子商务的交易总规模与增长速率确实已经超过了作为电子商务发源地的美国。此外,根据商务部发布的数据可知,在中国主要的平台企业中,2019 年参与网络购物的用户数量已经突破 7 亿,同时网络零售店铺的数量也已接近 2 000 万家,并呈现持续增长的态势。

其次,从发展阶段来看,中国电子商务平台已经经历了行业萌芽阶段与高速增长阶段,开始转向纵深竞争阶段与行业规整阶段。具体来说,中国电子商务平台的发展历程可以被简单划分为四个阶段:一是 1993—2002 年的萌芽阶段,在该阶段中,政府的网络基础设施建设为电子商务的发展夯实了基础。二是 2003—2014 年的高速发展阶段,这一阶段中主要包含了两个关键节点,首先是由"支付宝"推出的信用支付模式,有效地克服了网络交易信任基础缺

---

① 数据来源:eMarketer。
② 数据来源:《2020 年移动市场报告》,由 App Annie 发布。
③ 数据来源:《电子商务报告(2019)》,由商务部电子商务司披露的有关电子商务交易平台的调查数据。
④ 数据来源:美国商务部统计披露。

失的问题与网络支付效率低下的问题,为电子商务平台的进一步发展扫除了障碍;其次是美国电子商务巨头 eBay 在中国网络零售市场的竞争中落败,本国自有的平台企业得以发展壮大。三是 2015—2018 年的纵深竞争阶段,这一阶段中电子商务交易规模的增速从 2014 年的 57.6% 一路下滑到了 2018 年的 8.5%,电子商务平台间的竞争开始激化,一方面大中型城市的用户网购流量基本见顶,城镇农村的用户流量成为平台企业竞争的主场,另一方面早期发展起来的大型平台企业在其主营业务发展上已具有绝对优势,新晋平台的竞争主要集中在细分市场当中。四是 2019 年至今的电子商务平台规整阶段,在该阶段中,政府有关部门相继发布并实施了《中华人民共和国电子商务法》与《关于平台经济领域的反垄断指南》,这标志着中国电子商务的发展开始从无序走向有序。

最后,中国电子商务平台的商业模式创新层出不穷,对国民经济创新发展具有引领作用。目前中国主要的电子商务商业模式可以按照平台企业的交易类型简单概括为以下四种:第一种是纯中介模式,即平台企业作为撮合买卖双方进行交易的中介,主要赚取交易手续费,并不直接参与产品与服务的买卖,典型代表有淘宝平台、孔夫子二手书交易平台等。第二种是代理商模式,即平台企业直接参与交易,生产产品、服务或作为买方买入产品和服务后,又作为卖方进行销售,主要赚取产品、服务差价,典型代表是自营产品的京东平台与当当平台。代理商模式与纯中介模式相比,更容易把控平台内产品服务质量,但因为涉及产品的买卖及储存环节,经营成本相比纯中介模式要高出很多。第三种是服务商模式,指平台企业专为卖方提供网络商铺的代理运营服务以及专为纯中介电商平台与代理商类平台企业提供技术支持的模式,其中为卖方提供的代理运营服务可涉及店铺装修、仓储管理、人工服务、品牌设计、单品订制等多个运营环节,而服务于纯中介平台或代理商平台的平台企业,则主要提供一些标准化的网络技术模块以支持平台企业拓展业务。典型代表有鼎海电商平台、阿里云平台等。第四种是内容商模式,主要以生动有趣的文章、视频等吸引消费者浏览,从而为纯中介电商平台与代理商类平台企业以及平台内的卖方提供精准营销服务的电商平台,典型代表有小红书、抖音等。而除上述以平台企业交易类型为基础划分的商业模式之外,常见的还有淘宝平台内个人与个人之间进行交易的 C2C 零售商业模式;京东平台内企业与个人进行交易的 B2C 零售商业模式;拼多多平台内基于消费者之间推荐共享的拼单砍价模式;微信平台内基于社交网络发展的社交电商模式;以及当前在各大电商平台都异常火爆的私人订制模式与直播带货模式等。不断推陈出新的商业模式反映了中国平台企业持续提升的创新能力,这对于推动中国经济提质增速、促进中国制造业转型升级具有重要作用。比如直播带货模式所沉淀的大量用户数据能够用于支撑后端生产,从而提升新品开发速度与库存周转效率,优化供应链条,降低交易成本;再比如私人定制模式推动了企业柔性生产的发展,能够助推制造业生产模式变革。

二、电子商务平台的新型垄断问题

通过上文的分析可知,中国电子商务的发展水平居于全球前列,在经历了行业萌芽阶段与高速增长阶段后,已经开始转向纵深竞争阶段与行业规整阶段。在此过程中,电子商务平台不断创新商业模式,打破了中国长久以来线下零售行业固有的地域分割格局,以发达的物流仓储体系将全国市场统筹整合于线上,贯通了厂商与消费者的直接交易渠道,使市场范围得到了前所未有的扩张,产品服务的生产效率大幅提升,交易费用与交易价格全面下降,有效地促进了国民经济发展。但同时需要认识到,中国电子商务平台仍然存在着一系列亟待解决的问题,尤其是电子商务领域居高不下的行业集中度以及由此衍生的平台垄断问题,一直受到社会各界的高度关注。根据美国司法部制定的判别标准,对电子商务平台的赫芬达尔指数进行测算分析可以发现,即使将阿里巴巴拆分为淘宝与天猫,电子商务领域的市场集中度仍然达到了高寡占Ⅰ型市场标准,具有最高等级的市场集中度(苏治 等,2018)。与此同时,以数据垄断与流量垄断为代表的新型垄断问题,已经成为目前电子商务平台垄断治理的重要议题。

数据与流量是电子商务平台形成市场势力的关键性因素。数据的多寡决定着平台企业是否能够精准定位消费者需求、及时捕获竞争对手动态、有效预测市场风险;流量的多寡则决定着平台企业能够参与竞争的潜在市场规模大小,毕竟产品服务售出的前提是产品服务的信息触达消费者。可见,数据与流量越多,电子商务平台为用户提供的服务就越有竞争力,平台所能集聚的用户数量也就越多。同时,用户数量越多,平台企业所能积累集聚的数据与流量也就越多,正反馈效应之下,平台企业之间的竞争最终会形成强者恒强的局面。

更加重要的是,这些凭借数据与流量优势获得市场势力的电子商务平台,表现出了与传统垄断企业通过控制价格破坏竞争秩序截然不同的垄断逻辑,即能够利用数据与流量干扰其垂直市场中的企业竞争秩序。这是因为,电子商务平台中的卖方企业也能够凭借数据优势与流量优势在竞争中取胜,并依靠正反馈效应巩固其优势地位。当电子商务平台对垂直市场中的企业实行歧视性的数据和流量分配策略,也就是向某些特定的卖方企业倾斜提供大量数据与流量资源时,平台企业的市场力量就能够传导至垂直市场的特定企业,赋予这些企业通过合谋、价格歧视、搭售等方式攫取消费者剩余的优势地位,最终破坏市场竞争秩序,损害社会福利。比如美国众议院司法委员会发布的《数字化市场竞争调查报告》中提及的,亚马逊平台利用其他店铺经营数据使自营店铺规避正常经营风险的自我优待行为,再比如 Budzinski(2016)搜集的有关亚马逊利用排序机制偏袒自有产品的指控,均属此列。

这类新型垄断问题使得传统的反垄断执法工具失效。原因在于,传统的反垄断执法工具主要是以垄断企业控制市场价格的能力作为逻辑基础构建的,而电子商务平台对垂直市场中的企业实行歧视性的数据和流量分配策略,既不必通过控制价格来实现,亦不以控制价格为目的,因此并不在传统反垄断规制的范畴之内。在此情境中,作为数据流量资源汇集与分配的关键性出入口的排序机制,自然成为平台领域反垄断规制的重要突破口。在电子商务领域,平台的排序机制有很多,如按价排序、按距离排序、按信用排序、综合排序等。其中,综合排序机制是平台基于自主设定的保密算法运算形成,影响着平台70%以上的数据流量资源的分配,已经成为电子商务平台将数据、流量优势传导至垂直市场的主要渠道之一,也是当前平台领域反垄断的重点关注对象。

事实上,国内实务部门已经注意到了排序机制的影响,在监管过程中也已经提出了对平台排序机制的约束与要求。2019年1月1日开始正式实施的《中华人民共和国电子商务法》第十八条明确规定,如果电子商务平台提供了基于消费者特征的搜索排序结果时,同时还应当提供不针对个人特征的搜索结果选项。第四十条规定,电子商务平台经营者应当根据商品或者服务的价格、销量、信用等以多种方式向消费者显示商品或者服务的搜索结果;对于竞价排名的商品或者服务,应当显著标明"广告"。国务院2021年2月7日发布的《关于平台经济反垄断指南》建议将"决定价格、流量或者其他交易条件的能力"与"掌握和处理相关数据的能力"作为认定平台经营者是否具有市场支配地位的关键因素,并建议将"平台经营者利用搜索降权、流量限制、技术障碍、扣取保证金等惩罚性措施实施的限制"或"通过补贴、折扣、优惠、流量资源支持等激励性方式实施的限制",以及利用"搜索降权、流量限制、技术障碍等惩罚性措施,强制交易相对人接受其他商品"等行为作为滥用市场支配地位的行为予以规制。

但目前,要将上述条款真正纳入到反垄断监管实践当中,主要还存在如下两方面的困难:

第一,由于平台算法保密,从技术上很难判定电子商务平台是否滥用搜索排序机制排除、限制竞争。虽然欧盟曾经试图要求谷歌说明其排序算法的原理,但是排序算法作为商业秘密,监管部门很难要求平台企业彻底公开其设计原理与具体的运行代码。所以,从总体上来看,对电子商务平台的搜索排序机制进行监管仍然困难重重。已有部分学者指出,可以尝试构建指标体系用以鉴别平台企业的流量歧视问题,从而实现对排序机制的监管。

第二,要将搜索排序问题纳入反垄断监管实践当中,理论探索仍然有待加强。排序机制是平台经济的新兴产物,虽然国内外已经涌现出了大量相关的研究,但理论研究的进展仍然远远滞后于平台的创新发展速度,排序机制对消费者选择与厂商竞争的作用机理为何?平台构建排序机制的约束条件与福利影响如何?这些问题仍然没有定论,所以难以支撑反垄断监管实践。

综上所述,电子商务发展过程中不断提高的市场集中度、不断升级的技术手段、不断推陈出新的竞争策略与五花八门的行业乱象无一不在增加着行业治理难度,再加上流量垄断与数据垄断这类新型垄断问题的出现,使得实务部门对电子商务平台的治理既无理论可依,又无经验可循。到目前为止,世界各国在平台经济领域的反垄断监管都仍处于探索阶段,既没有规范的方法用于判定平台企业是否具有市场势力,也没有公认的标准用于判定平台企业是否滥用市场势力。传统治理机制在平台经济领域失效的主要原因在于:首先,电子商务平台既是追求利润最大化、参与市场竞争的主体,同时又是制定多边用户交易、竞争规则的中介,因此反垄断监管必须同时衡量价格因素与非价格因素对平台间与平台用户间竞争的影响;其次,电子商务平台撮合多边用户交易,用户特性的差异与用户间的交叉网络外部性使平台企业对多边用户在收费与制定规则方面存在差异,这增加了评估其社会福利影响的困难;再者,平台经济横跨多个行业领域,行业间交易关联复杂,增加了市场界定与市场支配地位认定的困难;最后,决定着电子商务平台数据流量资源分配的关键算法被视为商业秘密,基于技术算法的价格歧视、流量歧视,增加了监管机构发现与认定垄断行为的难度。笔者认为,电子商务平台的新型垄断问题的治理缺乏理论支撑,应当先在理论层面上判明垄断平台排序机制对社会福利的影响,再探讨实务部门的治理思路。

小结

目前,电子商务平台的垄断问题越来越突出,利用排序机制将数据流量优势传导至垂直市场的新型垄断问题,已经引起了国内外反垄断部门的广泛关注。然而到目前为止,数字平台的市场力量认定尚无规范方法或成熟经验,对滥用市场支配地位行为的判定也没有公认标准。同时,平台层出不穷的新兴商业模式也使得准确识别垄断行为的困难越来越大,尤其是平台排序机制嵌入市场价格运行机制当中,已经形成了与传统经济理论研究对象大相径庭的经济运行规则,这使得基于传统理论研究构建的治理机制在平台经济领域失效。因此,要全面认识和治理平台经济中涌现的新型垄断问题,必须首先从理论层面上回答以下问题:排序机制对消费者选择与厂商竞争的作用机理为何?平台构建排序机制的约束条件与社会福利影响如何?

第三章 平台排序机制的本质

近年来,排序机制受到研究平台经济的学者们越来越多的关注。国内外已经涌现出大量文献探讨平台企业排序的激励与影响,然而到目前为止仍然鲜有学者系统性地探讨平台排序机制在微观经济理论中的理论定位。

前文已经指出,平台排序机制指的是平台企业基于对用户数据的计算分析,将用户的关键性数据(信息)按照特定的次序,向其他用户排列展示的机制。目前学术界关于"平台设计"(platform design)、位置"优先度/突出度"(prominence)、消费者"顺序搜索"(ordered search)与厂商"排名"(ranking)等的相关研究,实质上都构成了平台排序机制的研究基础。直观来看,平台企业作为交易中介,展示用户数据的目的是撮合平台买卖双方达成交易,而平台将用户数据按照特定次序向其他用户展示的目的则是提高用户之间的匹配效率。但在传统微观经济理论中,市场供需决定均衡价格,价格信号调节稀缺资源配置,买卖双方的交易在"看不见的手"的作用下自然达成,不会存在匹配效率的问题。事实上,市场交易达成的基础是买卖双方之间的信息交互,平台排序机制构建了买卖双方信息交互的关键渠道,买卖双方间的信息交互效率取决于平台排序算法的设计。在这样的情境中,市场价格机制已经不再是唯一决定稀缺性资源配置的机制。这说明,完全理性的经济人在信息完备的市场中基于单一价格信号配置稀缺资源的传统微观经济理论无法解释平台排序机制的问题,嵌入平台排序机制的市场交易理论研究需要从有限理性的经济人处理不完全信息的基础上出发。

信息经济学的理论指出,现实经济市场中的产品价格是分散的、变动的,消费者需要通过搜索才能获得所需要的信息(Stigler,1961);信息不完全、不对称会导致逆向选择(Akerlof,1970)与道德风险问题,影响市场效率与社会福利。制度经济学的理论研究指出,市场价格机制的运行是需要耗费交易成本的,市价机制会在交易成本过高时退出,由企业组织通过指挥命令的方式取而代之进行稀缺资源的配置(Cose,1937)。上述研究为本章尝试解构网络平台排序机制的微观经济理论定位夯实了基础。

一、平台排序机制与搜索成本

斯蒂格勒(Stigler)早在1961年就指出,"搜索是经济市场的一个基本特征"。在经济市场中,产品及其价格的信息往往是分散的,并且处于不断的变动之中,消费者很难知道不同的卖家在某一确切的时间能够提供的产品的详细信息与对应售价,因此也无法确定自己最偏好的产品。因此消费者需要检查不同卖家的情况,即通过搜索过程获取信息,同时卖方通过搜索过程传递信息,买卖双方的交易在此基础上达成。买卖双方在搜索的过程中所耗费的成本就是搜索成本。搜索成本本质上也是信息成本,由于买卖双方间的信息是不完备的、不对称的,过高的信息成本要么会阻碍交易的正常进行,要么会导致逆向选择与道德风险问题。只有当交易双方为获取信息所耗费的成本不高于其在交易中所能获得的收益时,搜索过程才会出现。换言之,在信息成本过高的情况下,交易双方会放弃搜索。这在传统经济中处处可见,普通居民在日常购物时只会选择离家较近的区域搜索心仪的商品,距离较远的商贸中心即使更加物美价廉,除非有巨大的折扣优惠足以抵消所需的路费,否则往往不在其搜索范围之中。Perry和Wigderson(1986)进一步指出,时间、地理因素和信息的结构通常会决定个人的搜索方式,这种搜索方式并不一定是随机的,并且卖方通常会知道自己对于每个搜索者的排名,因此搜索过程也是买卖双方在不完全信息的情况下进行策略性博弈的过程。显然,时间、地理因素和信息的结构归根到底决定着搜索成本,在预期收益不变的情况下,理性经济人会选择搜索成本最小的搜索方式。比如实体店的产品布局会影响消费者的搜索顺序,大多数消费者会首先查看离他最近的产品,相较于货架顶层与底部,消费者更容易浏览到与其视线水平的产品。

在互联网经济条件下,信息成本较传统经济条件已经大幅度降低,但是有限理性的个人在面对海量的数据信息时,搜索成本仍然是制约交易达成的关键因素。Dinerstein和Einav(2017)指出,"尽管电子商务平台的物理搜索成本较低,但由于产品和卖家的数据激增与频繁变动,在线消费者仍然面临潜在的巨大搜索摩擦。"搜索成本依然存在的一个证据是价格差异。一方面,价格分散会导致搜索成本;另一方面,搜索成本的存在会导致价格分散。如果不存在搜索摩擦,则相同的产品将会以同一价格售卖(MacMinn,1980)。然而,在许多在线产品市场上,虽然充斥着大量看似没有任何区别的竞争卖家,但是人们仍然能够经常看到同一产品在不同的零售商之间以不同的价格出售,这被认为是搜索摩擦减弱了市场竞争的结果。目前已经有大量的实证研究证明,在线产品市场依然存在显著的价格差异(Clemons,2000;吴德胜、李维安,2008;孙浦阳 等,2017),甚至在线产品的价格差异要高于传统实体零售产品之间的价格差异(Clay, Krishnan and Wolff, 2001; Clay et al., 2002; Scholten and Smith, 2002; Pan, Ratchford and Shankar, 2003)。但是,在线产品价格差异高于线下也有可能是以下原因造成的:线上产品及服务的差异性增加,线上厂商运营成本的差异更加显著,以及当时线上竞争厂商较少导致的行业集中度较高。支持在线市场搜索成本存在的更为直接的证据是对搜索成本的测算。Kim 等(2010)利用来自亚马逊(Amazon)平台的摄像机交易数据,量化研究了搜索成本参数,研究表明消费者的选择显著受到搜索成本的约束,所有消费者平均仅浏览 11 件商品,并且有 40% 的消费者仅浏览 5 个以内的商品。此外,得益于美国 ComScore 公司的互联网流量跟踪数据,De los Santos(2018)利用 2002 年 10 万用户和 2004 年 52028 名用户浏览和购买在线书籍的记录,对消费者的搜索成本进行了测算。测算结果表明,在线图书行业中,消费者每次的搜索成本约为 1.24 美元。根据吴德胜和任星耀在 2013 年的研究成果,消费者在浏览淘宝网页时,70% 的浏览量贡献给了第 1 页,而在第 1 页的浏览中,又有 72% 的浏览量贡献给了前 20 件商品,自然,这前 20 件商品也并非每件都会被打开查看详情。

显然,正是由于搜索成本依然存在,平台企业如果仅仅向用户展示所有的信息,只会使得搜索成本更高,降低交易双方的匹配概率。因此,排序展示数据是平台协助用户处理信息、降低搜索成本的一种服务。Glazer(1998)认为平台是否能实现盈利的关键,就是能否向用户提供并筛选出高质量的信息。张卫东和耿笑(2014)则指出,平台帮助处理信息能力相对有限的消费者能够获得额外的利润。事实上,以电子商务平台为例,对于消费者而言,比起了解平台上所有店铺和商品的具体信息,消费者更希望掌握的是比较过后更具有"性价比"的店铺和商品的信息,更符合自身偏好的店铺和商品的信息,这有赖于电子商务平台对店铺和商品的信息进行加工、比较和筛选。因此,电子商务平台一般会展示"销量""信用""价格"等方面的排序结果,还会进一步提供"筛选"功能,可以筛选符合消费者需求的价格范围、发货地址与售后保障水平等条件的商品,以使消费者能够迅速便捷地搜寻到心仪的商品,从而达成交易。类似地,对于厂商而言,相比付费让平台将自己的产品信息展示到所有消费者面前,厂商们更希望平台能够将信息精准提供给最有可能购买产品的消费者,其实也等同于厂商能够获取到最有可能购买产品的消费者的信息,这有赖于平台加工、比较和筛选消费者的信息,形成对消费者购买意图的判断。因此,电子商务平台一般会向厂商提供精准推荐的服务,这也是基于对消费者购买意图进行排序所形成的服务。

由此可以解释平台排序机制的来由,即互联网平台的排序机制是基于有限理性的交易双方和难以处理海量的数据信息而形成的。过高的搜索成本会使得原本有利的交易变得无利可图,为了协助交易双方降低搜索成本,作为交易中介的平台专业化于处理数据,通过构建模型算法,利用大数据、云计算技术,生成简单易懂的排序数据供交易双方在搜索过程中使用。从这个层面上来看,平台排序机制可以被重新解读为:"为了降低交易双方之间的搜索成本,由平台对所有用户数据进行加工、比较和筛选,向用户提供的一种简明易懂的数据排序服务。"但从上文的例子可以看出,与一般直观上理解的"搜索排序"不同,平台的排序机制不仅仅体现在搜索页面上,也不仅仅只是针对单侧用户,而是同时服务于双边用户的搜索匹配过程的,将产品按照消费者关注的程度排序主动推荐给消费者,等同于将消费者按购买意愿进行排序并推荐给卖家,这均属于互联网平台的排序机制。但需要强调的是,平台排序机制能够减少搜索成本,但无法彻底消除搜索摩擦。因此,在互联网经济中,搜索成本依然制约着用户的搜索范围及搜索方式,平台排序机制提供的服务也只是用户搜索渠道中的其中一种或几种。Dinerstein 和 Einav(2017)提出的"平台设计"的内涵与平台排序机制类似,指帮助和引导潜在买家寻找到他们可能购买产品的过程,他们认为,平台设计在减少搜索摩擦和决定市场结果方面扮演着至关重要的角色。

二、平台排序机制与稀缺数据资源的配置

然而,排序机制的内涵远远超过了一种数据服务所能触及的范畴。排序机制,顾名思义,是对某种事物,按照一定的逻辑排列次序的机制。这在生活中其实处处可见,比如紧俏的产品物资需要排队购得,即是以先到先得的逻辑对需求群体予以排序;珠宝玉石、丹青古玩、藏品的聚众拍卖,即是以价高者得

的逻辑对收藏爱好者予以排序；教室里定期重新排列的座位，也是按个子高低或成绩好坏对学生进行的排序。那么为什么要排序？为什么非要区分第一、第二、第三呢？显然，上述例子中的排序并非是因为搜索摩擦，而是因为物品的稀缺性。紧俏的产品与古玩藏品不是因为搜索成本过高消费者很难找到才采用排序，而是因为稀缺，资源不足以满足需求者，因此通过排序将其配置给排队在前或者出价较高的人，排名在后的人往往会空手而归。教室里的座位虽然一一对应着学生，看起来充足，但靠前的座位更容易看清黑板的内容，靠后的座位又更容易躲开老师的注视，因此符合学生们需求的座位仍然供不应求，若放手让学生们自己去选，仍然不免乱作一团。正是因为资源稀缺，想要获得资源的人免不了要竞争，排序机制实质上提供了一种竞争的秩序规则，决定了竞争的胜负准则，胜出的人才能够获得资源。

由此容易得到两个重要的含义用于进一步理解现今平台经济的排序机制。第一，排序机制来自资源的稀缺性；第二，排序机制不仅仅是排列次序，更重要的是它是决定稀缺资源归属的胜负准则。因此，以什么样的逻辑进行排序，也就决定了对竞争者们会形成怎样的激励。

互联网经济中的稀缺资源还包括数据资源。在大数据、云计算的互联网时代，海量数据处处可见，但是海量不代表着充裕。首先，数据资源的总量与流量都是有限的。平台可以用来挖掘数据的用户总量本身，受制于参与网络交易的网民数量。2020年11月15日举办的第二届中国互联网基础资源大会披露，中国的网民规模已经达到9.4亿，互联网普及率已经超过67%。较高的互联网普及率意味着中国网民的高增速已经很难继续维持。根据Quest Mobile发布的《2019年流量增长盘点》报告，截至2019年11月，中国移动互联网流量池已经基本饱和，用户规模同比增速首次跌破1%。中国互联网络信息中心（China Internet Network Information Center，CNNIC）发布的《中国互联网络发展状况统计报告》指出，非网民不上网的主要是受技能、文化程度以及年龄限制，而这些问题在短期内很难得到改变。由此可见，中国网民用户规模确实在逐渐触顶（见图3-1）。

与此同时，各互联网平台竞相利用心理学、营销学铺设种种套路，利用大数据、云计算推送用户喜欢的内容，吸引网民注意力，网民上网时长稳步递增。同样根据CNNIC发布的报告可知，2014年中国居民人均上网时长为每周26.1小时，此后不断增长，至2019年6月达27.9小时，又由于受到新冠疫情的冲击，全国人民宅家隔离，更是使人均周上网时长暴增至30.8个小时（见图

图 3-1　2014—2020 年 3 月中国网民规模及互联网普及率走势

资料来源：CNNIC。

3-2）。也就是说，平均每个网民每天在网上花费的时间远远超过了 4 个小时。此外，由极光数据研究院公布的数据可知，2019 年第 4 季度手机应用软件（App）的人均每日使用时长为 5.1 个小时。这些时间，对于平台企业而言，是具有竞争性、排他性的资源。

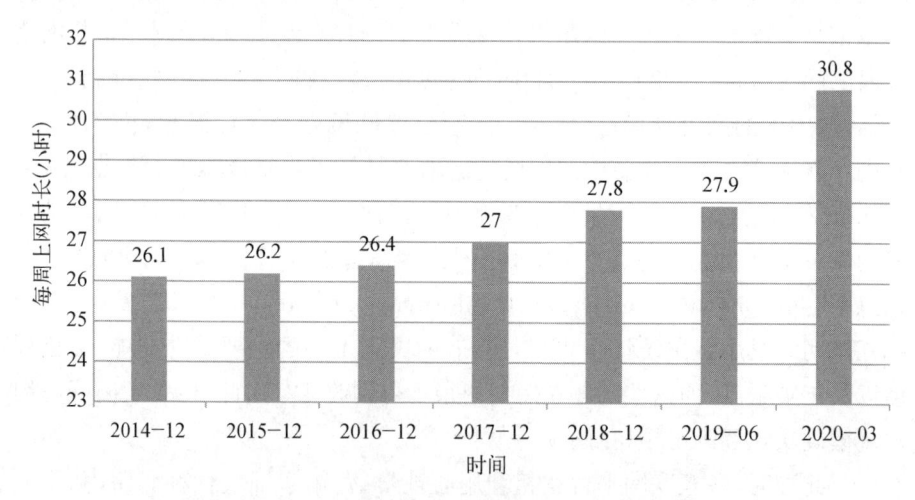

图 3-2　2014—2020 年 3 月中国居民人均每周上网时长

资料来源：CNNIC。

事实上，能够体现数据资源在总量与流量上具有稀缺性的最直观的证据是各平台的活跃买家数量与获客成本的变化趋势。以电子商务平台为例,根据中信建投证券研究发展部的测算,阿里巴巴平台的年度活跃买家到2018年底已经增加至6.36亿人,相较于2013年增长了4亿多用户,同时其老客维护成本与新客获取成本均不断上升,其中新客获取成本的整体增速远高于老客维护成本与活跃用户数量的增速,已经从2013年9月的12.17元/人上升到2018年底的77.99元/人,约是2013年的6.34倍(见图3-3)。而京东的活跃买家数量不仅增幅较低,且在2018年第3季度更是出现了负增长,截至2018年底,京东活跃买家数量已经远远低于阿里巴巴与拼多多,但是其获客成本从2016年9月的44.23元/人上升到了2018年12月的103.9元/人(见图3-4),远高于阿里巴巴与拼多多平台。造成这一现象的原因主要在于京东作为B2C平台,专业化于销售品牌商品,其目标客户群体的总规模远小于阿里巴巴与拼多多。拼多多发展最晚但其用户数量增长最快,其活跃买家数到2018年底已达4.18亿人。拼多多最新的财报显示,到2020年6月底,其年活跃买家数量已经达到6.832亿,与淘宝7.42亿的差距正在逐步收窄。而拼多多的获客成本则从2017年6月份的1.95元/人上涨到2018年底的54.71元/人,仍然低于阿里巴巴与京东(见图3-5)。

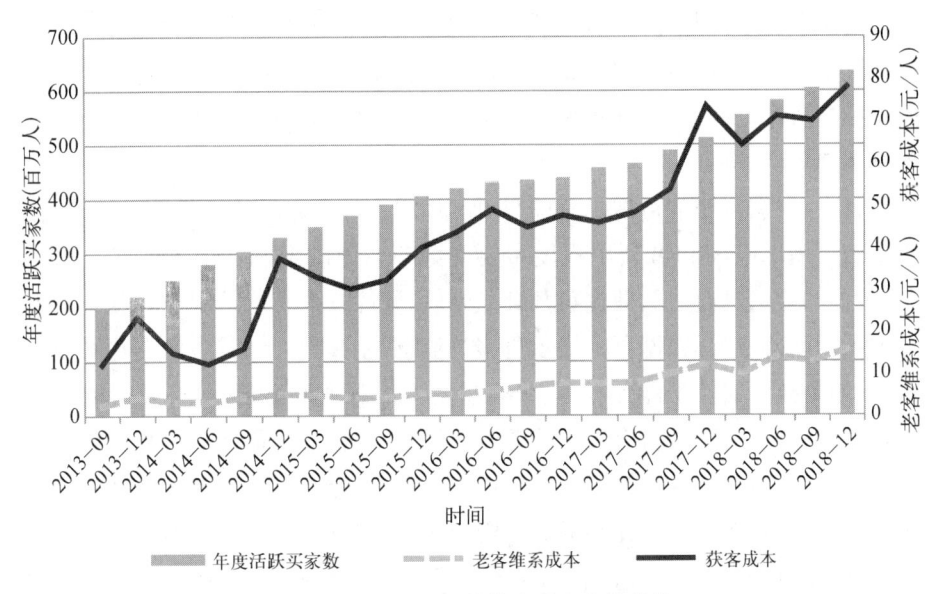

图3-3 阿里巴巴的获客成本变化趋势

资料来源:中信建投证券研究发展部。

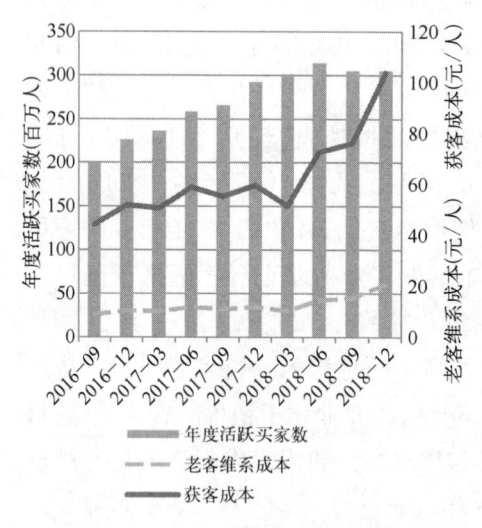

图 3-4 京东的获客成本变化趋势

资料来源:中信建投证券研究发展部。

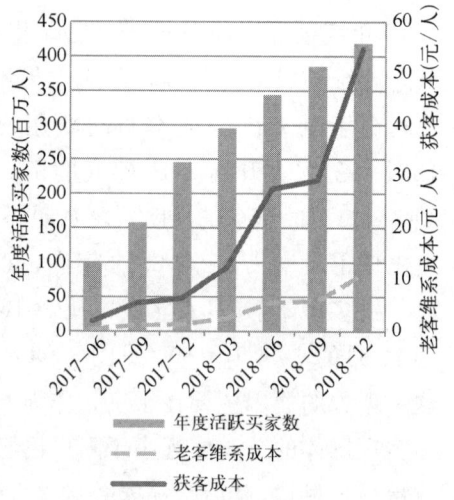

图 3-5 拼多多的获客成本变化趋势

资料来源:中信建投证券研究发展部。

总体来说,电子商务三大领军平台企业——阿里巴巴、京东与拼多多间的用户竞争已趋于白热化,平台活跃买家数量增长都明显放缓,同时获客成本普遍快速上涨。这些用户的数量及其在平台上的时长,本身都代表着平台可开发的数据资源。因此,上述现象体现了数据资源供不应求,因而价格不断飙升的基本趋势。

其次,数据资源的可展示范围与可利用程度都是有限的。具体来说,数据资源的可展示范围和可利用程度主要受到两方面的限制。一方面是技术限制,数据储存、数据挖掘、数据负载都受到软、硬件技术支持的限制。就数据资源的展示而言,选择在网页上展示更多的信息,尤其是展示较多的图片和视频信息,如果技术支持不能到位,则很容易发生加载失败的情况,严重影响用户体验,因此平台在展示自有数据资源时,必须权衡自身的负载能力与内容的多样程度,择优筛选。就数据资源的利用程度而言,云计算技术的重要性不言而喻,如何最高效地将海量庞杂的数据资源转化为有用的信息,如何做到快速有序地响应运算要求,如何低成本地存储数据,都是制约平台企业数据资源利用的关键问题。近年来,随着网民规模的扩大及网民上网时长的不断上升,市场对平台企业的数据运算能力也提出了越来越高的要求。最典型的例证是一年一度的"双十一"大考,2020年狂欢购物节的零点才过26秒,天猫58.3万笔订单/秒的巨大洪流就已经汹涌而至,瞬时的高并发请求,海量的运算响应。在举国人民狂欢购物的背后,为了应对一年比一年迅猛骤增的访问压力,各互联网平台企业都要耗费大量人力、物力、财力以不断地升级和调适技术支持的底层架构。华盛证券的研究显示,2018年阿里巴巴、腾讯控股、百度、携程网、网易、美团点评、小米集团、搜狐、新浪、京东等的研发费用占收入之比普遍超过10%。

正是因为数据资源的储存、开发、利用与展示都受到技术天花板的限制,互联网平台企业都竞相在技术研发,尤其是云计算行业增加投入。根据Canalys的官方数据,到2019年第四季度,阿里云已经在中国市场占据了46%的市场份额,腾讯云占据18%,而百度占据8.8%,已经形成了三家独大的局面。2020年云计算行业的竞争更加激烈,阿里巴巴集团首席财务官披露,近几年阿里巴巴在技术研发的年投入都超过了1 000亿元,已在全球部署了上百个云数据中心,并且预计在3年之内追加2 000亿元投资。而腾讯云总裁则宣布将在未来5年内投入5 000亿用于新基建布局,最终要在全国各地建立多个百万级服务器规模的数据中心。百度同样不甘落后,宣布预计在10年后拥有超500万台的智能云服务器,相当于在10年之内至少在云计算、新基建方面投资约3 000亿元。

用户能力的限制是导致数据资源可展示范围与可利用程度有限的另一个重要因素。个人能接受的数据资源容量及其能理解的数据资源层次都是有限的,这一方面是由于搜索成本的存在,另一方面则是由于个人储存、处理分析数据的脑力本身就是有限的。简单来说,一个人不可能穷尽所有的时间精力去了解平台上的所有信息,也无法精确将所接触到的所有数据资源都转化为有用信息。因此,平台企业在向个人展示数据资源,利用数据资源传达信息时,就必须考虑到用户能力的限制。举个浅显生动的例子,淘宝、京东等电子商务平台最初在平台上展示所有店铺及其商品的信息,但随着用户量的增加,到目前为止,搜索任一关键词,淘宝、京东都仅展示前100页的搜索结果,淘宝约展示4 000多条商品或店铺的信息,而京东约展示2 000多条商品或店铺的信息,这些甚至还不到结果总数的1/1 000,但却从未有任何用户对此提出异议,归根结底是因为个人所能承载的数据资源是非常有限的。

总体来说,正是由于上述数据资源的稀缺性,平台才会对厂商数据进行排序,才会对消费者数据进行排序,以使最优质的数据资源能够被配置到最有可能带来最高收益的用户手中。可以设想,如果每个平台企业能获取的数据资源总量与流量都没有上限,平台就不必耗费成本处理数据,维持流量;如果个人能够不受约束浏览所有信息、处理所有信息,平台能够不受技术约束地展示所有信息、处理所有信息,哪个平台会不想把自己所有的商品或服务陈列在用户面前,以增加交易成功的概率呢?当更高的排名意味着能获取到更优质的稀缺资源,排序机制对用户的激励作用自然就会形成。具体来说,平台要考虑的问题是:什么样的排序逻辑能够使稀缺的数据资源产生更高的收益?而平台按照什么样的逻辑进行排序,就决定了将有限的数据资源分配给什么样的用户,也就决定了用户为获得数据资源会耗费什么样的代价。获取到有限数据资源的用户能够从中获利,收益加总不会低于用户为争取数据资源所愿意付出的代价。从这个意义上看来,排序机制就不仅仅是平台向用户提供的一种数据服务,还是平台企业在追求利润最大化的动机下配置稀缺数据资源的机制。

三、平台排序机制与市场价格机制的关系

从广义上来看,市场经济的价格机制归根到底也是一种排序机制,"价高者得"是决定稀缺资源归属的胜负准则,想得到资源的人必须付出自己拥有的资源在市场中进行交换。于是为了获取稀缺资源,大家竞争付出,利己的同时实现利他,有限的资源也能够被分配到最有效的用途,这就是市场价格机制的原理,也可以说是价格排序机制的原理。虽然同样能够节约交易成本和配置稀缺资源,但是平台排序机制与市场价格机制仍然存在着显著的差异。

首先,市场价格机制是"看不见的手",而平台排序机制是"数字化的手"。前者在配置资源的过程中通过供给需求的内在变动发现价格,使所有的人在自利的同时实现利他,最终实现社会福利最大化的机制;而后者是作为理性经济人的平台企业,为追求自身利润最大化而主观设定的数据资源配置机制,未必能够实现社会福利最大化。平台要考虑的问题是:什么样的排序逻辑能够使稀缺的数据资源产生更高的收益?

其次,市场价格机制是基于客观公开的价格信号配置资源,而平台排序机制是基于主观设定的保密算法配置资源。在市场中,供需决定价格,同时价格调节供需,越是公开透明的价格越能够有效地调节生产、消费决策。而在平台中,除了价格、信用等依据可见的单一指标进行的排序之外,平台企业主要采

用的综合的、默认的排序算法一般被视为商业秘密。大多数平台企业只会向用户透露部分影响排名的因素，从而形成对用户的激励。比如电子商务平台中的综合排序，产品质量评价、产品售后服务保障都被视为影响排序的关键因素。这一方面是因为产品质量评价越高，产品售后服务保障越到位，该产品的购买率会越高；另一方面则是因为产品质量评价与产品售后服务保障反映了消费者的交易体验，消费者从平台交易中获得的体验越好，继续选择使用该平台的概率也就越高，买家越多，卖家也会更加愿意加入该平台，正向的交叉网络外部性越强，这种积极反馈的作用也就越强，平台企业自身的竞争力也就越强。因此，平台有激励卖方提高产品质量和健全售后服务保障的动机。而对于卖家来说，较高的产品质量评价与全面的售后服务保障代表着更高的排名，更高的排名如果确实能够带来更高的交易量，那么卖家就有提高产品质量和健全售后服务保障的动机。

但是，同样的因素在算法中的权重不同以及采用的指标不同，排序结果就会有很大的区别。就产品质量评价而言，一家平台看重的是产品质量抽检时专业机构的评价，另一家平台则看重的是购买过该产品的消费者对产品质量的反馈，显然，这对商家产生的激励作用就会大不一样。前者会使商家注重应对产品质量抽检，而其对消费者的质量反馈必然不如后者那么在意，后者的商家可能会在获取消费者好评上花费心思，比如好评返现与刷好评的问题，同时"职业差评师"从后者所能赚取的租值也自然要高于前者。当然，这并不代表前一平台就不会出现问题，比如贿赂负责商品质量抽检的人员。最典型的是近年来甚嚣尘上的网络借贷平台，同样是对贷款者还款能力、还款意愿以及信用等级的排序，同一个人在不同平台的等级有时会有天壤之别，尤其是在这一领域，排序算法往往决定着平台的生死存亡。由此可见，市场价格机制的激励处处相同，而平台排序机制的激励家家都不一样，归根到底是因为供求变动是客观规律，而排序算法由人为主观设定。

由上文易知，平台排序机制与市场价格机制之间存在着诸多不同，但是这二者的关系却并非是非此即彼的。

首先，平台排序机制与市场价格机制共同调节市场供需。以最为典型的电子商务平台为例，平台上买卖双方之间进行的产品交易仍然受市场价格机制调节，供不应求的产品价格为高，供过于求的产品价格为低，价格上升时厂商增加生产而消费者减少购买，价格下降时厂商减少生产而消费者增加购买。但同时，市场价格机制已经不再是唯一调节供求的机制，如果一件商品的排名靠后，没有任何机会被消费者浏览到，那么即使该商品的价格相对于商品的价值再低，这件商品的需求量也不会增加，因为消费者压根不知道这件商品的存在。相反地，如果一件商品的排名位置非常醒目，足以被每一个消费者浏览到，那么即使该商品的价格相对于商品的价值较高，这件商品的需求量可能会远远高于其他价值相当的产品，因为有更多的消费者浏览到了这件商品。可见，平台排序机制也能够调节市场供求。这一点容易理解，因为平台企业实质上是交易中介，平台排序机制在配置稀缺数据资源的同时，也在匹配买卖双方之间的交易，这同样会实现双方所交易产品的资源配置。因此平台排序机制也能够影响消费者的消费决策与厂商的生产决策，从而调节供需。

其次，平台排序机制是在市场价格机制的基础上发挥作用的。考虑与上文例证完全相反的一种极端情况，如果排名最醒目的商品其价格之高已经远远脱离了自身实际的价值，那么即使被所有消费者浏览到也无济于事，因为不会有消费者去购买。事实上，平台也没有任何动机这样做，甚至可以看到的是，电子商务平台本身就提供价格排序数据。由于交叉网络外部性与其他平台竞争的制约，平台要想生存发展，就必须考虑用户体验，假使用户从平台可获取的效用太低，则能够使得平台"赢者通吃"的正反馈效应会立刻变为负反馈效应，致使平台丧失所有用户。再换个角度来看，平台的排序机制因为能够降低用户的搜索成本才会为用户所有，这也是平台排序机制的收益来源，如果平台排序机制呈现的结果远远脱离市场价格机制，则平台排序机制就不是降低搜索成本，而是增加搜索成本了。鉴于排序机制并非用户唯一的搜索渠道，结果只会是用户对平台排序机制弃之不用。正是由于上述制约，平台排序机制并不会使得产品的市场价格远远脱离其实际价值，至少不会在消费者可以察觉到的范围内，使其产品的价格脱离实际价值。平台排序机制并不会从根本上动摇市场价值规律，平台排序机制调节市场供需仍然是以市场价格机制为基础的。

最后，市场价格机制本身在平台排序机制中发挥作用。目前互联网平台的排序机制主要可以概括为两种：其一是质高者得，即由平台根据特定算法对用户进行排序；其二便是价高者得，即由被排序的用户竞价购买靠前的排序位置，用户愿意付出的价格绝不会高于其从靠前的排序位中所能获得的收益，这本身就是受市场价格机制约束的。

科斯指出，企业的出现是由于市场价格机制是有成本的，一些难以定价、难于监督的交易会由企业这只"有形的手"以指挥命令的方式组织起来，替代市场交易。笔者认为,平台排序机制是由于交易产品有太多的属性难以定价而出现的,是市场价格机制的互补性机制。张五常在其《经济解释》一书中曾指出,市场价格包含着产品的多维属性信息而非单一属性信息,比如一颗钻石的价格是包含着克拉量、色泽、瑕疵、切工四种属性的组合定价,同克拉量、色泽与瑕疵的钻石,切工的技术含量越高,钻石的价格就越高。由于交易费用的存在,有些产品本身的价值较低,衡量产品所有属性的费用过高,则产品往往会以其最关键的属性算价,甚至是以"委托量"算价。比如重量本身代表着西瓜的某些质量,问题是,购买西瓜时,消费者重视的是糖的成分、水的多少、维他命C的分量,以及西瓜纤维的可口度。这些质量是完全没有量度过的。购买西瓜的人只能自行估计,试行选择。如此一来,这些重要的质量只能委托到重量那里去。西瓜在美国加州丰收时,农村路旁的西瓜档往往不算重量,而是以"只"数算价。西瓜的大小不同,但却是同价。以"只"为量,其委托之质又多了一点。在互联网交易中,购买西瓜的算价仍然要委托于质量。但区别是,消费者能够从网上了解到的该产品的信息维度却更多了,因此西瓜的算价并不再像线下一样,完全地委托于质量,消费者完全能够通过其他人的评价,得到更多关于产品属性的信息。恶评如潮的卖家如果希望产品卖得出去,就必须降价,无论是因为西瓜的可口度较低还是因为卖家的服务质量太差。进一步的区别是,由于互联网交易聚集了海量的消费者,其市场规模要比线下市场的规模大得多,衡量产品属性所能获得的利益远远超出了线下,甚至衡量卖家服务水平所能获得的利益也远远高于线下。虽然能获得的利益仍然不一定能够覆盖掉对西瓜具体属性的测量成本,但是对一些关键指标进行排序,显然也是有助于发现产品真实价格的替代性方法。这也就是本研究所指的排序机制的本质。将产品质量、卖家的服务质量、物流、售后保障等消费者切实关心的产品属性都考虑进去,从而形成的各类排序指标,供消费者在购买时参考,本身就是有助于市场发现各产品的真实价格的。因此,在互联网交易中,扩大的市场规模使得衡量产品各种属性的成本下降,平台排序机制对产品关键属性的排序有助于市场价格包含更多维度的产品信息,能够有效地缩小产品价格与其实际价值之间的差距。

但必须要强调的是,由于平台排序机制不同于客观的市场价格机制,是追求利润最大化的平台企业根据保密算法生成的,平台排序机制是否能够真正地互补于市场价格机制,缩小产品价格与价值之间的差距,是与平台企业受到的利润激励有关的。同时,即使平台具有干扰市场价格机制的动机,正如上文已经阐明的,受制于交叉网络外部性、其他平台的竞争以及其他搜索渠道的影响,平台排序机制至少不会在消费者可以察觉到的范围内,使其产品的价格远远脱离实际价值。

四、对后续研究逻辑的说明

总的来说,平台排序机制不仅仅是一种减少搜索成本的信息服务,更是平台企业进行资源配置的重要工具。在传统微观经济理论中,市场价格机制的原理是,以效用最大化为目标的理性消费者在边际效用递减规律的约束下构建了市场需求的基础,以利润最大化为目标的厂商在边际产量递减规律的约束下构建了市场供给的基础,市场供需信息产生的价格作为"看不见的手"配置稀缺资源,使供给与需求在动态变化过程中能够始终围绕着市场均衡状态不断进行调整(见图3-6)。

效用最大化 ← 消费者 需求 ← 边际效用递减 → 价格机制 ← 边际报酬递减 → 供给 厂商 → 利润最大化

图3-6 市场价格机制原理示意

但在互联网经济条件下,当超大型平台企业在市场交易中扮演着越来越重要的主体角色,且排序机制嵌入市场交易并发挥着越来越突出的作用时,资源配置的逻辑已经发生了改变。下文将通过分析排序机制对经济主体行为选择的影响来阐释这种变化,进而建构以排序机制为核心的市场资源配置逻辑(见图3-7),最终厘清平台排序机制对资源配置与社会福利的影响。

本书第四章、第五章和第六章共同组成了本书对平台排序机制资源配置原理的解构。首先是分析论证在内嵌排序机制的市场交易中主要经济主体的行为选择逻辑,即分别讨论消费者、厂商与平台企业三者在追逐利润最大化的动机之下,受制于怎样的约束条件,又是通过什么样的方式参与到市场交易当中的。

第四章主要探讨排序机制对消费者与厂商行为选择的作用机理。该章节是在消费者与厂商信息不完全、不对称的条件下展开论证的,以消费者顺序搜寻理论与传统微观经济理论为理论基础,探讨与排序机制相关的排序位置、排序频率、搜索成本、搜索预期等关键因素对消费者需求与厂商供给的影响,而

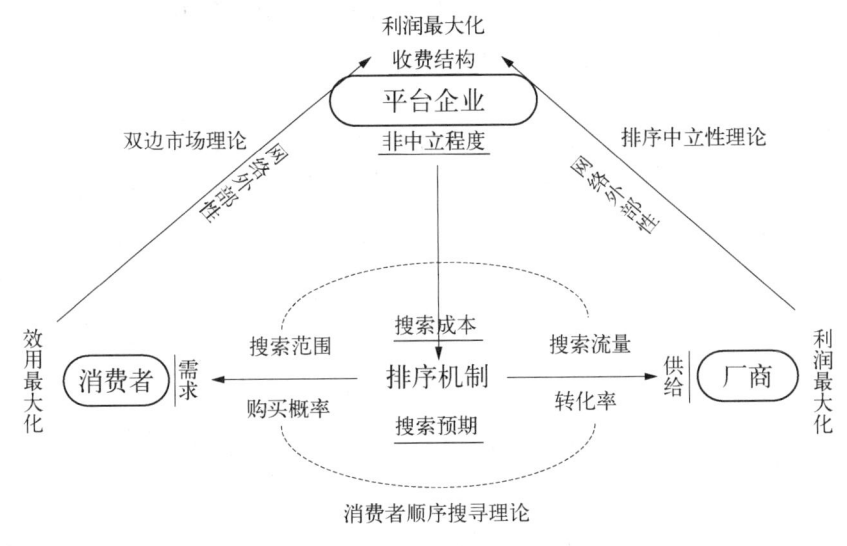

图 3-7 平台排序机制原理示意

非传统理论中关注的价格、收入与成本,并利用网络爬虫获取的淘宝搜索数据与手动摘录整理的相关卖家信息进行实证检验。

第五章关注的是平台企业与排序机制相关的行为选择。在传统经济交易中,供需双方的信息可以直接通过市场价格信号反映,但在互联网交易中,供需双方的信息由平台进行收集然后通过平台自主设定的排序信号反映。前者是市场自发传导的过程,后者是平台企业这一追逐利润最大化的理性人主动选择的间接传导过程。因此,要辨明排序机制对市场资源配置的作用,不能仅仅按照传统经济理论的范式对消费者与厂商的供需进行分析,还必须讨论平台企业在其中的行为选择。该章节以双边市场理论和排序中立性理论为基础,分析了交叉网络外部性、厂商竞争与收费结构等关键因素对平台企业利润,乃至对平台排序非中立程度的影响,最终以理论分析辨明了垄断平台企业非中立排序的动机与条件,以数据分析证实了垄断平台企业非中立排序的存在。

需要强调的是,第四章的讨论是将平台排序机制作为消费者与厂商选择的外生变量进行分析的,并不考虑平台企业对排序机制的控制,而第五章则是将平台排序机制视为平台企业的内生选择结果。此外,平台企业通过为消费者与厂商提供信息技术服务获取收益,如果平台企业对消费者和厂商用户收取的费用高于消费者净效用与厂商利润,则消费者与厂商会放弃加入平台交易。因此，平台企业的利润是以消费者净效用与厂商利润为基础的。也正因如此，第五章对平台企业行为选择的分析必须在第四章辨明消费者与厂商的选择之后才能进行。

在上述分析的基础上，才能进一步探讨包括消费者效用、厂商利润与平台企业利润三者在内的社会福利会在排序机制的作用下如何变动，这也是本书第六章的核心内容。为更全面地说明平台排序机制对社会总福利的影响，该章节在详细解构平台企业网络外部性内涵的基础上，从价格和质量两个维度探讨了社会总福利的变化，并利用《中国工业经济》官网公开的数据，与从淘宝、京东抓取的数据，验证了排序位置与价格、质量之间的关系。

小结

本章的研究指出，与传统微观经济理论中完全理性经济人在零交易成本的条件下进行市场交易不同，嵌入平台排序机制的市场交易是有限理性的经济人在信息成本较高的情况下进行市场交易的；与传统微观经济理论中所关注的稀缺资源不同，数据已经成为平台企业参与市场竞争的又一关键性稀缺资源；与传统微观经济理论中市场价格机制决定稀缺资源配置不同，平台排序机制在稀缺资源配置中发挥着越来越重要的作用。

基于国内外现有的对平台排序机制的相关研究，以及传统微观经济学、信息经济学与制度经济学的理论基础，本章从三个角度阐释了平台排序机制的原理。第一个角度是平台排序机制是作为交易中介的平台，向难以处理海量数据的有限理性的个人，提供的简明易懂的数据排序服务，能够降低搜索成本。第二个角度是平台排序机制是平台作为理性经济人，配置稀缺数据资源，追求利润最大化的机制，能够对用户形成激励。第三个角度是平台排序机制是市场价格机制的互补性机制，能够提供更多维度的产品信息，甚至使市场价格反映更多维度的产品信息，从而使产品的市场价格更加趋近于产品的真实价值，提高经济市场中资源配置的效率。

为辨明排序机制在资源配置中的作用，下文将分别探讨参与电子商务平台交易的主要经济主体——消费者、厂商与平台企业是如何在排序机制的影响下做出利润最大化决策的，进而分析平台排序机制对社会总福利的影响。

第四章 排序机制对电子商务平台用户选择的作用机理

在传统微观经济理论中,信息完全且不存在任何交易成本,消费者的选择与厂商的竞争都取决于价格。对于消费者而言,在边际效用递减的过程中,消费者的需求量会在边际效用与价格相等处确定;对于厂商而言,在边际成本递增的过程中,厂商的供给量会在边际成本与价格相等处确定。供过于求,价格下降,消费者需求量增加而厂商供给量减少;供不应求,价格上升,消费者需求量减少而厂商供给量增加。消费者的需求量与厂商的供给量最终会通过市场价格信号的不断波动得到动态的调整,存在大量主体进行分散交易的市场才能够持续稳定地运转下去。

但在电子商务平台媒介的市场交易中,信息不完全、不对称,排序机制不可避免地嵌入市场价格机制。随着平台规模的不断扩张,排序机制对消费者与厂商的影响越来越突出。值得叩问的问题是:排序机制对于平台、消费者和厂商分别意味着什么?能够影响消费者选择与厂商竞争吗?又是通过怎样的微观机理发挥作用的?本章将基于消费者搜索与厂商竞争理论,尝试解构排序机制影响消费者选择与厂商竞争的微观机理。

一、消费者搜索模式

事实上,消费者的搜索一般都遵循一些已知的固定模式,不同的搜索模式意味着不同的搜索范围,也意味着厂商所能获取的消费者流量不同,因此不同的搜索模式对厂商的销量影响并不相同。目前学术界主要总结了三种典型的消费者的搜索模式,即随机搜索模式、固定样本搜索模式以及顺序搜索模式。随机搜索模式指的是消费者在市场中随机选择厂商及产品的样本,并在其中做出选择。在随机搜索模式下,消费者的分布对于每一家厂商而言是一致的,任何一家厂商及其产品的信息都有可能被消费者获知,因此任何一家厂商的产品都有机会被消费者购买(Stigler,1961;Lippman and McCall,1976)。固定样本搜索模型指的是消费者在搜索时会首先确定最优的厂商范围,并只从这些厂商中选择价格最低或者最偏好的产品进行购买(Burdett and Judds,1983;De los Santos,Hortacsu and Wildenbeest,2012;De los Santos,2017)。简单来说,即消费者只会固定地搜索和了解某几家厂商的产品信息,并在搜索完这些厂商的信息后,综合比较做出购买决策。在固定样本搜索模式下,只有那些在消费者固定样本内的厂商才有机会与消费者发生交易。根据 De los Santos(2017)对 2002 年 10 万互联网用户与 2004 年 52 028 名用户在线浏览和交易的跟踪数据分析,在线购书的消费者在 2002 年平均只搜索 1.2 家书店,2004 年平均只搜索 1.3 家书店,两年平均只有 1/4 的消费者浏览了超过一家书店的信息,且在所有完成购书的交易中,亚马逊占据了 74%,其中仅有 17% 的消费者搜索过亚马逊以外的其他书店。显然,在当时的在线图书行业中,消费者在线购书的搜索模式是典型的固定样本搜索模式。顺序搜索模式指的是消费者会按照一定的次序对厂商及其产品信息进行搜索,在这种模式下,厂商的排序位置可能会显著地影响消费者的选择,从而影响厂商间的竞争(Perry and Wigderson,1986;Arbatskaya,2007;Armstrong,2009;Zhou,2011;Rhodes,2011;Armstrong,2017;Song,2017;Ursu and Dzyabura,2018)。

基于对前人研究的总结与分析,笔者将不同搜索模式的主要规则、选择条件,以及对厂商销量的影响进行归纳总结,如表 4-1 所示。

表 4-1 不同搜索模式的比较

	随机搜索	固定样本搜索	顺序搜索	
搜索规则	消费者在市场中随机选择厂商及产品样本,并从中选择产品购买	消费者首先确定最优的厂商数量,并只从这些厂商中选择产品购买	消费者按照一定的次序,对厂商及产品信息进行搜索,并从中选择产品购买	
回溯规则	搜索成本低 回溯成本低	搜索成本高 回溯成本高	回溯, 比较确定最满意的产品	搜索成本低 回溯成本低 厂商数量有限	搜索成本高 回溯成本高 厂商数量无限
	回溯,比较确定最满意产品	不回溯,遇到满意产品即购买		回溯,在未找到满意产品的条件下	不回溯,遇到满意产品即购买

续 表

	随机搜索	固定样本搜索	顺序搜索
选择条件	消费者没有固定搜索成本的约束或特定的偏好；并且厂商信息的提供/呈现不受地理、空间位置显著影响	有固定搜索成本约束或消费者的搜索成本较高或消费者对某些厂商有强烈偏好	厂商信息的提供/呈现，受地理、空间等视觉位置影响显著
厂商销量影响	厂商销量均与价格、消费者偏好、搜索成本相关		
	与位置无关 与厂商历史信息无关	与厂商历史信息相关	与位置相关 不回溯时与位置相关性更强

资料来源：笔者根据国内外文献归纳整理。

在上述搜索模型中，固定搜索模式和顺序搜索模式是比较贴近现实生活的消费者搜索模式。一些学者认为，顺序搜索模式能够更好地描述消费者的实际搜索情况，因为当额外搜索的预期收益高于边际成本时，消费者无法承诺使用固定样本量的搜索（Morgensen，1970）。但另有一些学者则认为，顺序搜索与固定搜索相比没有明显的优势，消费者在实际搜索中最优的选择是结合固定搜索的搜索对象与顺序搜索的灵活性（Morgan and Manning，1985）。一般而言，在以下三种情况下，消费者会更倾向于使用固定搜索模型：

第一，当执行搜索有固定成本时，固定样本搜索是首选。比如网上消费者需要在有限的时间内购买商品时，消费者会倾向于在固定的几家店铺中选择出较满意的商品（De los Santos，2017）。

第二，当消费者存在较高的搜索成本时，消费者会更倾向于在固定的厂商中进行搜索，尤其是仅搜索一些自己熟识的厂商，因为这样可以更大程度地节约搜索成本（Feinberg and Johnson，1977）。

第三，当消费者对某几家店铺具有强烈的偏好时，消费者也会更愿意仅在这几家店铺中进行搜索。

顺序搜索模式会更普遍地出现在厂商提供或呈现信息受地理、空间等视觉位置影响因素显著的情况，比如司机会沿着一条单行道开车寻找汽油；消费者首先注意到与视线齐平的货架商品；色彩绚丽或包含动态视频的广告往往会成为消费者首先注意到的对象。

总的来说，固定搜索模式和顺序搜索模式的区别主要有三点。其一是消费者搜索的厂商数量是否固定。其二是消费者是否回溯。回溯是指消费者是否返回以前的搜索项进行购买的能力,这实质上与消费者停止搜索的规则有关。在固定搜索模式中,消费者一般只搜索有限的厂商,在搜索结束后会比较所有厂商的产品信息再决定购买,因此固定搜索模式的消费者一般会回溯之前的搜索项。但在顺序搜索模式中,如果厂商的数量是无限的,同时消费者不打算在搜索上耗费太多的成本,则他们会在遇到第一件不超过预期价格的产品时停止搜索,此时消费者永远不会回溯(Stahl,1996)。当消费者可搜索的厂商数量有限,且回溯成本(Fishman and Lubensky,2018)较低时,消费者仅仅会在一种情况下回溯购买之前搜索到的产品,即消费者在搜索完所有商品之后,仍然没有找到满意的产品,即产品的预期价格都低于实际价格。研究回溯问题的重要性在于,当消费者会回溯购买时,消费者搜索厂商的范围对厂商的销量影响更显著,但在消费者不会回溯购买的情况下,厂商的排序位置就会尤其的重要,因为不同位置的厂商信息会决定消费者搜索厂商的范围。考虑一种极端的情况,即消费者在搜索到第一个厂商时就发现了自己满意的产品,消费者的搜索就会停止,消费者也只会购买第一个厂商的产品。这说明,排名越靠后的厂商,其商品被浏览的流量会远远小于排名靠前的厂商,因此其销量一般也会远小于排名靠前的厂商。总体来说,无论是否回溯,在顺序搜索模型中,即使每个消费者的搜索成本(时间成本)不同,排名越靠前的厂商总是有越大的概率进入更多消费者的搜索范围,能获取的消费者流量就越多,因此销量也就越高。可见,在顺序搜索模型中,位置总是与厂商销量显著相关的。区别在于,在不回溯的情况下,位置与厂商销量的相关性要高于回溯情况,原因是回溯情况下,价格和消费者偏好等因素对购买决策的重要性经由消费者充分比较得以凸显出来,相对地弱化了位置的重要性。其三是影响厂商销量的因素不同。在固定样本搜索模式下,消费者的搜索范围一般取决于厂商及其产品的历史信息,因此厂商及其产品的历史信息会影响到厂商所能获取的消费者流量,从而影响销量;而在顺序搜索模式下,消费者的搜索范围一般与厂商所处的位置有关,位置越突出,越醒目,厂商能获取的消费者流量就越高,因此在其他因素相同的情况下,位置越突出的厂商的销量越高。

上文讨论了三种基本的搜索模式,并详细论述了消费者选择不同搜索模式的条件以及各搜索模式对厂商销量的影响情况。现在的问题是,在线产品市场中消费者主要的搜索模式是什么?吴德胜和任星耀(2013)将淘宝网上消费者搜寻产品的方式归纳为三种:通过关键词直接搜索、按照商品分类逐步缩小选择范围，以及在搜索浏览的基础上通过筛选条件对结果进行过滤。这些方式都符合顺序搜索模式的特征。事实上，目前国内外学者都主要基于顺序搜索模式研究在线产品市场中的消费者选择问题。但是近年来，随着国内"团购""砍价"等线上零售促销活动的出现与普及，基于消费者社交网络的分享推荐在消费者的搜索活动中发挥着越来越重要的作用，传统对线上消费者搜寻特征的分析已经不再适用。基于此，本书将重新归纳总结线上消费者的搜索模式。

目前，消费者一般能够通过以下四种渠道获取到在线产品信息（见图4-1）。

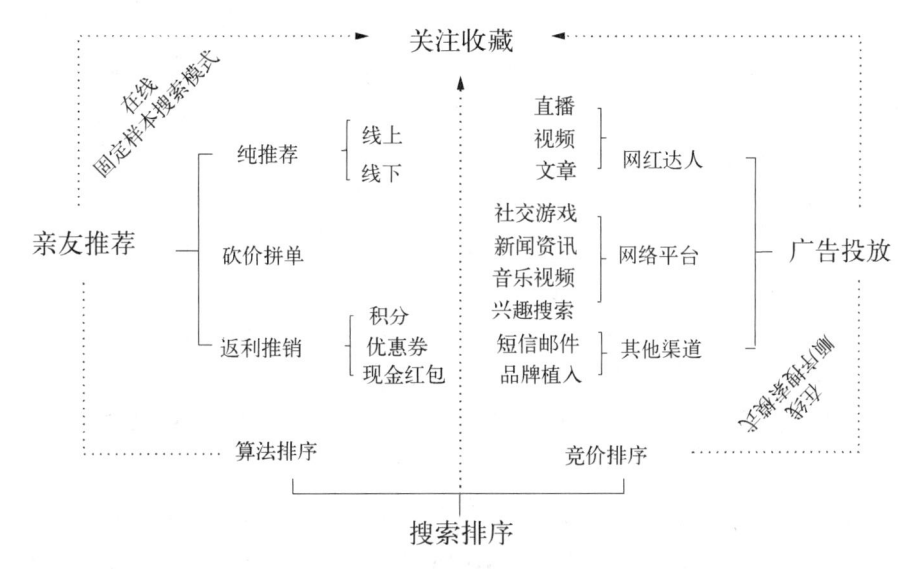

图4-1 消费者获取在线产品信息的主要渠道

资料来源：笔者整理。

一是亲友推荐，即消费者经由亲友推荐了解到在线产品信息。笔者将亲朋好友选择推荐在线产品的原因简单归纳为三种：一种是已经购买使用，觉得产品质量高或价格优惠，使用体验良好；另一种是购买该产品时需要分享好友"拼单砍价"；还有一种是通过分享推荐能够直接获得积分、优惠券或现金红包等奖励。前一种情况与厂商产品的历史信息相关，后两种情况则实质上是厂商以返利激励消费者推销产品。

二是广告投放，即消费者通过浏览厂商投放的广告，了解在线产品信息。在互联网时代，厂商一般可以通过三种渠道投放广告：一种是通过网红达人的直播、视频、文章和社交群等自媒体渠道;另一种是通过专业的社交游戏、新闻资讯、音乐视频、搜索引擎等企业媒体渠道;还有一种是包括短信邮件、品牌植入等在内的传统渠道。网络广告的样式也是多种多样的,比如展示类广告、文字链接广告、弹窗广告、页面悬浮广告、插播广告、推送广告、闪屏广告、视频广告、抽奖广告等。这意味着消费者在使用网络的任何活动中,都有可能浏览到或者被推送到在线产品的相关信息。

三是搜索排序,即消费者通过搜索感兴趣的商品关键字了解在线产品信息。搜索排序实质上与亲友推荐、广告投放相关。具体来说,一方面,基于平台保密算法的综合排序或默认排序,一般是与消费者对产品的评价有关的,评价越高,则其排名越有可能靠前,同时评价越高,则亲友推荐的概率也就越高。另一方面,搜索引擎本身也提供广告渠道,首先,某些固定的排序位置是由厂商竞拍决定的,厂商出价越高则其产品越有可能获得相应的位置,越靠前的位置越有机会被消费者浏览到;其次,在搜索引擎的品牌专栏、竖边以及通栏中,一般都有固定的广告商品展示位;最后,排序机制中对消费者购买意图的排序,实质上是为了将产品信息推送到购买意图最高的消费者面前,这种精准匹配的服务,也是厂商可以选购的广告投放工具之一。

四是关注收藏,即消费者通过关注、收藏特定厂商,能够随时了解其最新的产品信息。一般来说,亲友推荐、广告投放与搜索排序是消费者了解在线产品信息的基础渠道,只有通过这些渠道了解到产品信息,甚至是购买使用产品之后,消费者才有可能关注和收藏产品及厂商。

通过上文对消费者获取在线产品信息渠道的归纳总结,容易发现,固定搜索模式与顺序搜索模式均存在于在线产品市场当中。其中,固定样本搜索模式主要表现为基于亲友推荐与关注收藏的信息获取渠道,顺序搜索模式则主要体现在消费者的广告浏览与搜索结果浏览当中。具体来说,在线固定样本搜索模式是指消费者基于亲友推荐与关注收藏渠道搜索特定厂商及产品信息。在这一模式下,厂商及其产品的历史信息是关键性的决定因素,亲友会推荐评价较高的产品,消费者也主要关注收藏那些评价较高的厂商,当消费者决定购买某一类商品时,消费者可以直接浏览和比较这些厂商及产品的信息,并从中做出选择。在线顺序搜索模式则指消费者按照特定顺序浏览在线广告与搜索结果获取厂商及产品信息。在这种模式下,位置的突出(显著或醒目)程度,是影响消费者购买的关键性因素,消费者只会了解位置突出并符合自身偏好的厂商与产品信息,并从中做出选择。在广告浏览中,商品信息越醒目,越有机会引起消费者的关注,而在搜索结果浏览中,商品信息的展示位置越靠前,即商品在搜索中的排序位置越靠前,则搜索成本越小,就越有可能被消费者搜索浏览到。进一步地,由于关注、收藏与添加购物车的便利,笔者认为消费者在线搜索时的回溯成本极低,因此消费者在线顺序搜索模式中存在对已浏览选项的回溯比较。

二、理论分析

平台排序机制能够减少搜索成本,但无法使搜索成本减少为零。因此,在互联网经济中,搜索成本依然制约着消费者的搜索范围。消费者要考虑的问题是,如何以最小的搜索成本,从海量信息中尽量获取到能使自身效用最大化的产品与卖家信息。在搜索成本的制约下,线上消费者一般采用顺序搜索或固定样本搜索模式搜索厂商及产品信息。下文将主要讨论在顺序搜索模式下平台排序机制对用户的作用机理。

考虑一种理想的市场状态,假设市场上没有任何因素会使消费者的购买量背离需求量,当信息是完全的、对称的,消费者无须通过搜索获取厂商产品信息,又或者消费者搜索厂商产品信息的成本为零时,价格是决定消费者是否购买厂商产品的唯一因素。当消费者的边际效用高于价格时,消费者会愿意不断购进,直至边际效用等于价格为止,市场上所有消费者的购买量加总就是厂商的总销量。在这种情况下,厂商的数量及其产品的产量也会影响到厂商的销量,但由于厂商的数量最终会通过竞争反映在价格之上,比如当市场上有无限多的同质厂商时,厂商竞争会使得市场价格与厂商的平均成本相同,而当市场上仅有一家厂商时,其定价会在边际成本高于平均成本的产量上取得。因此,价格因素足以反映厂商数量及产品产量的信息。当产品存在差异时,消费者对产品的购买决策取决于对该产品的预期效用是否高于产品价格,高于则购买,反之则不购买。此时,厂商的销量将主要取决于产品的价格与消费者的偏好。

当信息不完全、不对称时,搜索成本就成为除价格与偏好之外,决定厂商销量的又一个关键因素。此时,消费者无法获知市场上所有厂商及其产品的信息,只能通过搜索来获取。消费者需要做出的决策是按照什么方式进行搜索,以及搜索在什么时候停止。消费者的搜索决策是受搜索成本约束的,在预期收益相同时,消费者会选择使自身搜索成本最小化的搜索方式与搜索范围,比如消费者会选择离家较近的商超,并只去自己常去的某一家或某几家选购产品。显然,消费者的搜索决策是消费者购买决策的基础,因为消费者只会在其搜索范围内选择心仪的产品进行购买。消费者在确定搜索方式与搜索范围的同时,也就确定了其获得厂商产品信息的次序与范围,结果是厂商的销量最终会取决于该厂商的产品在多少个消费者的搜索范围之内,即厂商所能获取的消费者的流量,并且在这些消费者当中有多少人最终选择购买该产品,即厂商的转化率。平台厂商一般会绘制如图4-2所示的漏斗图,用以反映消费者从浏览到购买的转化过程,实质上也反映着消费者的流失情况。其中,展示量就是厂商的流量,成交量[①]一般反映厂商的销量,转化率指的是成交量与展示量之比。

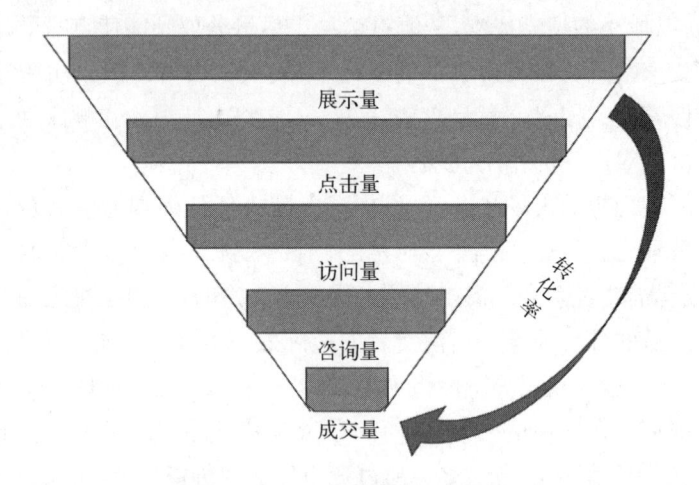

图 4-2 厂商流量转化漏斗图

资料来源:笔者根据淘宝卖家公开资料绘制。

简单来看,消费者的搜索成本决定着厂商所能获取的消费者流量,消费者获取厂商信息的搜索成本越低,消费者就越有可能浏览到厂商的信息,厂商所能获取到的消费者流量也就越高,反之则越低。下文将以此为基础,结合当前消费者顺序搜寻的研究进展,构建嵌入排序机制的理论模型。

在顺序搜索模式中,消费者按照从上到下的顺序依次浏览厂商及其产品,获取价格、产品描述、评价等基本信息。结合 Weitzman(1979)和 Armstrong

---

[①] 此处的成交量主要反映购买人数,不考虑个人多次购买的问题。此外,实际的销量一般还要考虑到退货的问题。

(2017)提出的模型,假设市场中有 N_c 个消费者,以及 N_s 个厂商,消费者的回溯成本为零,消费者可以无成本地返回查看以前浏览过的信息,并且消费者在搜索之前无法确切地知道每一排序位置产品可带来的效用,但知道自己从搜索选项中能够获得的特殊匹配效用(idiosyncratic match utilities)的分布情况以及需要耗费的搜索成本。[①] 进一步地,由 Arbatskaya(2017)和 De los Santos(2017)对搜索成本[②]的研究可知,消费者的搜索成本与排序位置及个人特质有关。基于此,可以将消费者 i,在搜索排序位置为 $r_j(r_j=1, 2, \cdots, N)$ 的厂商 j_r 时,预期可获得的净效用表达如下:

$$\mu_{i,j_r} = \int_0^{\bar{\theta}_{j_r}} v f_{i,j_r}(v) dv - \tilde{p}_{i,j_r} - s_{ir} \quad (4-1)$$

其中:μ_{i,j_r} 指消费者 i 从厂商 j_r 处预期可获得的净效用,为预期可获得的特殊匹配效用扣除预期价格与搜索成本后的净值;v_{i,j_r} 指消费者 i 从厂商 j_r 处预期可获得的特殊匹配效用,是服从概率密度函数为 $f_{i,j_r}(v_{i,j_r})$,累积分布函数为 $F_{i,j_r}(v_{i,j_r})$,分布区间为 $[0, \bar{\theta}_j]$ 的随机变量;s_{ir} 为消费者获取厂商信息的搜索成本,[③]随着排序位置的增加(靠后)单调递增,$s'(r_j) > 0$;$\tilde{p}_{jr}$ 指消费者预期的产品价格。[④]

消费者只有在预期净效用大于或等于零时才会进行搜索。由于消费者的搜索成本会随着排序位置的增加(靠后)而增加,因此厂商及其产品的排序位置越靠后,消费者预期可获得的净效用就会越低,当预期净效用下降为零时,消费者的搜索就会停止,消费者的搜索范围即可确定。基于前人的研究,本研究将厂商 j_r 的流量表述如下:

$$h_{j_r} = \sum_{i=1}^{N_C} y_{i,j_r} \quad (4-2)$$

$$y_{i,j_r} = \begin{cases} 1 & \mu_{i,j_r}(v_{i,j_r}, \tilde{p}_{i,j_r}, I_i, r_j) \geqslant 0 \\ 0 & \mu_{i,j_r}(v_{i,j_r}, \tilde{p}_{i,j_r}, I_i, r_j) < 0 \end{cases}$$

[①] 消费者只有在耗费搜索成本进行搜索后,才可以得到具体的效用及价格信息,详见 Armstrong (2017)。
[②] De los Santos(2017)的实证研究发现,个人的搜索成本与其年龄、收入等个人特质有关。
[③] 关于搜索成本的讨论,详见 Arbatskaya(2017)。
[④] Armstrong(2017)认为,在顺序搜索模式下,排名靠前的厂商为了吸引消费者会设定最低价格,因此价格与厂商排序位置是相关的。此外,Weitzman(1979)指出,预期的特殊匹配效用扣除搜索成本后的余额如果为正,即为消费者的保留价格。

其中，h_{j_r} 指的是市场中所有搜索浏览到厂商 j_r 信息的消费者的人数加总，即厂商的流量。具体来说，当消费者 $i(i=1,2,\cdots,N_c)$ 搜索厂商 j_r 的预期净效用 μ_{i,j_r} 非负时，厂商 j_r 会进入该消费者 i 的搜索范围，记为 $y_{i,j_r}=1$；当预期净效用 μ_{i,j_r} 为负时，消费者 i 会停止搜索，此时厂商 j_r 的信息无法被消费者 i 浏览到，记为 $y_{i,j_r}=0$。将平台中 N_c 个消费者中搜索浏览到厂商 j_r 信息的人数加总起来，就得到了厂商流量 h_{j_r}。厂商的流量与消费者预期的特殊匹配效用 v_{i,j_r}、预期厂商提供的价格 $\tilde{p}_{i,j_r}$、消费者个人搜索特质 I_i 以及厂商 j_r 的排序位置 r_j 相关。当消费者预期可以获得的特殊匹配效用越高，预期价格越低，消费者个人特质决定的搜索成本越低时，厂商能够获得的流量就越高。但当厂商及其产品的排序位置越来越靠后时，所有消费者搜索到该厂商及其产品的成本就会上升，此时厂商能够获得的流量也会相应减少。基于此，可以将厂商的销量表达如下：

$$S_{j_r}=\lambda_{j_r}(u_{i,j_r},p_{j_r})\cdot h_{j_r}(v_{i,j_r},\tilde{p}_{i,j_r},I_i,r_j) \quad (4-3)$$

式 4-3 指的是厂商 j_r 的销量 S_{j_r} 为消费者流量 h_{j_r} 与转化率 λ_{j_r} 的乘积。其中，消费者流量 h_{j_r} 取决于消费者预期从搜索中可以获得的净效用，而转化率 λ_{j_r} 则取决于消费者搜索得到具体信息后实际可以获得的效用。$\lambda_{j_r}(u_{i,j_r},p_{j_r})$ 为厂商的转化率，消费者在搜索获取信息后得到的实际的特殊匹配效用 u_{i,j_r} 越高，则厂商 j_r 的转化率 λ_{j_r} 越高；相对于特殊匹配效用，厂商 j_r 提供的产品的实际价格 p_{j_r} 越低，则厂商的转化率 λ_{j_r} 越高。实际的特殊匹配效用 u_{i,j_r} 一般取决于消费者的偏好，厂商及其产品的特质，包括厂商服务质量与产品质量等信息，厂商的服务质量与产品质量越高，消费者越是偏好该产品，则消费者从该厂商的搜索信息中实际能够获得的特殊匹配效用就越高。因此，该式在同时考虑厂商与消费者异质性的情况下仍然成立，不同消费者从不同厂商的信息中能获得的特殊匹配效用不同。

在顺序搜索模式下，厂商及其产品的位置决定着消费者的搜索顺序，位置越靠前，则消费者浏览到其信息的搜索成本越低，厂商可获取的流量就会越高，销量也会因此上升。例如实体商超对其产品摆放的布局能够决定消费者的搜寻顺序，从而影响消费者选择。比较常见的现象是，百货超市往往将蔬菜瓜果等日常必需的产品摆放在超市最里侧，而将零食等非必需产品摆放在外侧，并将最能够吸引消费者的折扣优惠产品摆放在过道位置，这样前往采购生活必需品的消费者在购买前后都能够浏览到这些促销商品，从而增加超市销量。在线上经济中,厂商及其产品的排序位置是由平台排序机制决定的。采用顺序搜索模式的消费者,按照平台排序机制所决定的厂商及产品展示次序浏览信息,因此排序位置仍然能够决定流量,从而影响销量。倘若仍如吴德胜和任星耀(2013)的研究所指出的那样,即淘宝平台70%的浏览都属于搜索结果首页的商品与厂商,那么首页这44件商品与厂商所能获取的流量将远远超过其他竞争者。

但是线上搜索与线下搜索有一个显著的差别,即线下搜索一般只能按照店铺一家一家进行搜索,但是线上搜索可以将所有厂商的产品汇总呈现给消费者,这就使得拥有多种产品的厂商可能反复多次出现在排序位置当中。不同厂商在排序位中出现的频率是不同的,这会影响到消费者的选择:一方面,同一厂商反复出现会使消费者产生熟悉信赖感,从而增加消费者浏览该厂商其他产品的意愿;另一方面,同一厂商反复出现会提供给消费者直接浏览该厂商所有产品的渠道,从而增加厂商的流量。因此,平台排序机制决定着厂商展示在消费者面前的顺序与曝光率,在产品价格相同的情况下,排序位置优先、排序频率较高的厂商市场份额也更高。

式4-3很重要的原因在于,其刻画了嵌入平台排序机制后市场交易的运行规则。其中,厂商的转化率$\lambda_{j_r}(u_{i,j_r}, p_{j_r})$可以看作是市场价格影响消费者选择与厂商竞争的部分,而厂商的流量$h_{j_r}(v_{i,j_r}, \tilde{p}_{i,j_r}, I_i, r_i)$则可以看作是平台排序机制影响消费者选择与厂商竞争的部分。在市场价格机制中,消费者见自身效用高于价格则购入,低于则放弃;在平台排序机制中,消费者预期效用高于搜索成本与预期价格之和则搜索,低于则放弃。二者的乘积决定了消费者最终的决策与厂商最终的销量,这意味着市场价格机制无法脱离平台排序机制单独存在,因为过高的搜索成本会使消费者放弃了解厂商产品的价格信息;平台排序机制也无法脱离市场价格机制起作用,当市价之高远远超出了消费者可以获得的效用,即使该厂商的产品能够进入消费者的搜索范围,消费者也不会选择该产品。

进一步简化该问题,假设消费者能够准确预期产品价格与产品的实际效用,并且消费者同质。此时,厂商销量对价格的导数为

$$\frac{\partial S_j}{\partial p_j} = h_j(r_j) \cdot \frac{\partial \lambda_j}{\partial p_j} < 0$$

$$\frac{\partial S_j}{\partial r_j} = \lambda_j(p_j) \cdot \frac{\partial h_j}{\partial r_j} < 0$$

与传统微观经济理论相一致的是,在其他条件相同的情况下,产品定价越低,每一个消费者的需求量都越高,厂商销量及其相对份额就越高。但区别在于,当排序位越靠前,厂商的流量越大时,价格降低对份额的影响就越大。排序位越靠后,厂商的流量越小时,价格降低对厂商份额的影响就越小。同理,在价格较低的情况下,厂商排序优先度提升,对市场份额的影响会越大;而当价格较高时,厂商排序优先度提升,对市场份额的影响会较小。

从厂商参与竞争的角度来看,价格机制与排序机制为厂商提高市场份额提供了两种渠道,一种是厂商在排序位置不变的情况下,通过降低价格来获得更高的市场份额;另一种是厂商可以在价格不变的情况下,通过争取靠前的排序位置来获得更高的市场份额。由于降价竞争会损耗厂商利润,在排序竞争成本相对较低的情况下,厂商会倾向于通过提升排序位置来提高市场份额。此时,排序会替代价格成为厂商参与竞争的主要渠道。在嵌入排序机制的市场交易中,厂商能够在维持原价不变的情况下通过提升排序位置来提高市场份额,排序机制会弱化价格在厂商竞争中的作用,对价格机制具有替代效应。

综上可知,在嵌入排序机制的市场交易中,排序与价格对厂商份额的影响可能既具有互补效应,又具有替代效应。上文已经指出,线上消费者不仅仅使用顺序搜索,还会使用固定样本搜索。在固定样本搜索模式下,平台排序机制在消费者固定搜索模式下能发挥的作用是有限的,主要是通过消费者顺序搜索模式影响消费者最初的搜索范围,最终影响到固定搜索模式下消费者的选择。比如消费者最初通过顺序搜索了解到某一厂商比较符合自己的偏好,以后再搜索时消费者有可能会直接搜索该厂商的产品。随着线上消费者购物次数的增加,消费者熟知的厂商及产品信息也会越来越多,此时固定样本搜索模式相比顺序搜索模式,在节约搜索成本方面的优势会越来越突出,固定样本搜索模式会对顺序搜索模式形成替代。因此。随着消费者对同一类产品购买频次的增加,固定样本搜索模式会弱化排序对厂商份额的影响,对顺序搜索模式形成替代。

基于式4-3可以进一步讨论平台参与各方的利润。考虑存在撮合消费者与厂商交易的在线中介平台。与上文分析一致,假设平台上共有N_c个消费者,以及N_s个厂商,消费者$i(i=1, 2, \cdots, N_c)$无回溯成本,按照从上到下的顺序依次浏览厂商$j(j=1, 2, \cdots, N_s)$及其产品信息,厂商及其产品的排序位置为$r_j(r_j=1, 2, \cdots, N)$。消费者根据预期的特殊匹配效用、预期价格及搜索成本决定搜索范围,厂商销量由消费者流量及转化率确定,厂商j_r的边际成本为常数c_{j_r},平台对消费者与厂商的收费分别为γ_i与γ_j。为简化问题,进一步假设每个消费者i在厂商j_r处最多购买一单位的产品。结合Armstrong(2006)提出的双边平台模型,平台消费者i从平台获得的净效用为

$$U_i = (1-\gamma_i)\sum_{j=1}^{N_s}\lambda_{j_r} \cdot y_{i,j_r}(u_{i,j_r} - p_{j_r} - s_{ir}) \qquad (4-4)$$

式4-4的含义是消费者i从平台获得的净效用U_i是其从所有厂商处可获得的净效用的加总。消费者i从厂商j_r处获得的实际净效用为其实际匹配效用扣除实际价格与搜索成本后的余值。首先,消费者仅能从搜索了解到的厂商处获得效用,因此当$y_{i,j_r} = 0$,也就是消费者预期净效用为负$\mu_{i,j_r}(v_{i,j_r}, \tilde{p}_{i,j_r}, I_i, r_j) < 0$时,消费者实际能获得的净效用为零;其次,消费者的购买概率λ_{j_r}决定了消费者从厂商处实际获得的净效用,为了简化问题,此处假设消费者同质,因此消费者的购买概率与厂商的流量转化率相同。此时,消费者的效用$U_i(\gamma_i, N_s, u_{i,j_r}, v_{i,j_r}, p_{j_r}, \tilde{p}_{i,j_r}, I_i, r_j)$取决于平台费率、厂商数量、消费者预期的匹配效用、实际的匹配效用、消费者预期的产品价格、产品的实际价格、消费者个人搜索特质与厂商的相对位置。

厂商从平台中可获得的利润为

$$\pi_{j_r} = (1-\gamma_j)S_{j_r}(p_{j_r} - c_{j_r})$$

结合式4-2与式4-3,可将上式改写为

$$\pi_{j_r} = (1-\gamma_j)\sum_{i=1}^{N_c}\lambda_{i_r} \cdot y_{i,j_r}(p_{j_r} - c_{j_r}) \qquad (4-5)$$

由式4-5易知,厂商的利润$\pi_{j_r}(\gamma_j, N_c, u_{i,j_r}, v_{i,j_r}, p_{j_r}, \tilde{p}_{i,j_r}, c_{j_r}, I_i, r_j)$一方面取决于消费者的数量、实际匹配效用、预期匹配效用、消费者个人的搜索特质;另一方面则取决厂商产品的实际价格、预期价格、生产成本,以及厂商及其产品的排序位置。消费者实际与预期的匹配效用越高,产品实际与预期的价格越低,产品生产的边际成本越低,排序位置越靠前,厂商的利润越高。此时,平台的利润为

$$\pi_p = \sum_{i=1}^{N_c}\gamma_i U_i + \sum_{j=1}^{N_s}\gamma_j \pi_{jr}$$

假设平台对每个消费者收取的费率一样,对每个厂商收取的费率也一样,结合式4-2、式4-4与式4-5,可将平台利润最终表达如下:

$$\pi_p = \gamma_i \sum_{i=1}^{N_c} \sum_{j=1}^{N_s} \lambda_{j_r} \cdot y_{i,j_r}(u_{i,j_r} - p_{j_r} - s_{ir}) +$$
$$\gamma_j \sum_{j=1}^{N_s} \sum_{i=1}^{N_c} \lambda_{j_r} \cdot y_{i,j_r}(p_{j_r} - c_{j_r}) \qquad (4-6)$$

$$\begin{cases} 0 \leqslant \lambda_{j_r}(u_{i,j_r}, p_{j_r}) \leqslant 1; \quad s_{ir}(r_j, I_i) \geqslant 0 \\ y_{i,j_r} = \begin{cases} 1 & \mu_{i,j_r}(v_{i,j_r}, \tilde{p}_{i,j_r}, I_i, r) \geqslant 0 \\ 0 & \mu_{i,j_r}(v_{i,j_r}, \tilde{p}_{i,j_r}, I_i, r) < 0 \end{cases} \end{cases}$$

由式 4-6 可知，平台的利润 $\pi_p(\gamma, N_c, N_s, u_{i,j_r}, v_{i,j_r}, p_{j_r}, \tilde{p}_{i,j_r}, c_{j_r}, I_i, r_j)$ 与消费者及厂商的数量正相关，由于消费者与厂商之间存在正向的交叉网络外部性[①]，消费者与厂商会从彼此的数量增加中获益，正反馈效应会使得平台利润不断增加。进一步地，平台利润还与平台费率、消费者实际与预期匹配效用、预期价格及其个人搜索特质有关；还与厂商产品价格、生产成本以及厂商的相对位置有关。

假设平台对买卖双方收取的费率相同，即 $\gamma = \gamma_i = \gamma_j$，[②]还可以对式 4-6 进一步化简，可以得到平台利润的表达式如下：

$$\pi_p = \gamma \sum_{i=1}^{N_c} \sum_{j=1}^{N_s} \lambda_{j_r} \cdot y_{i,j_r}(u_{i,j_r} - s_{ir} - c_{j_r}) \qquad (4-7)$$

综上所述，除平台收费费率、消费者与厂商数量之外，消费者效用、厂商利润与平台利润都与以下因素有关：实际与预期的匹配效用、实际与预期的价格、消费者个人搜索特质与厂商的排序位置及排序频率。由此可以将平台排序机制对消费者与厂商的作用机理概括如图 4-3 所示。

首先，平台排序机制能够通过提供便捷的搜索渠道，降低消费者搜索成本，提高消费者效用；同时由于消费者搜索成本降低，消费者会搜索更多的厂商信息，这会增加厂商流量，从而提升厂商销量。其次，平台排序机制能够通过调整排序算法（包括不同厂商相对的排序位置与频率），降低消费者的搜索成本，提高厂商的流量，从而提高厂商销量。此外，平台还可以优先推荐价格较低、产品质量与服务水平较高，且最符合消费者偏好的厂商产品，提升消费者实际的匹配效用。上文已指出，消费实际能获取的匹配效用取决于消费者

---

① 本书在下一章的研究中进一步讨论了平台上厂商因竞争存在负网络外部性的情况。
② 本书在下一章的研究中放宽了此假设，详细讨论了平台对买卖双方收费不同的情况。

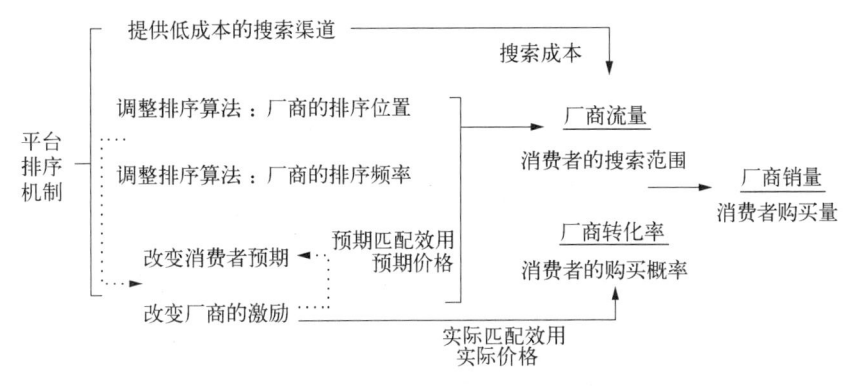

图 4-3　顺序搜索模式下平台排序机制对消费者选择的作用机理
资料来源：笔者整理。

的偏好、厂商及其产品的特质（包括厂商服务质量与产品质量等信息），厂商的服务质量与产品质量越高，消费者越是偏好该产品，消费者从该厂商的搜索信息中实际能够获得的匹配效用就越高。因此使消费者优先匹配到产品质量服务质量水平高的厂商，优先匹配到其偏好的厂商产品，能够提高消费者的效用；同时当消费者实际的匹配效用提高或产品价格较低时，消费者购买厂商产品的概率会增加，这会提高厂商转化率，从而提高厂商销量。再次，平台排序机制能够影响消费者对匹配效用与价格的预期。优质的排序算法在长期来看能够使消费者形成较高的匹配效用预期与较低的价格预期，这会使消费者扩大搜索范围。由于消费者能够浏览到更多厂商的信息，消费者的净效用会提升；同时，厂商的流量也会增加，进而提高厂商销量。最后，由于平台的排序位置会影响厂商销量，价格较低、产品质量与服务质量水平更高的产品排序位置更靠前，会激励厂商降低价格、提高产品质量与服务质量水平，从而在整体上提升消费者预期的与实际的匹配效用，降低消费者预期的产品价格与实际的产品价格，这会在扩大消费者搜索范围的同时提升消费者的购买概率，也同时提升了厂商的流量与转化率，最终会提升厂商销量。

总的来说，平台排序机制能够通过影响消费者的搜索成本与消费者的预期影响消费者搜索范围，从而影响厂商流量；能够通过影响厂商的激励与消费者的预期影响消费者的购买率，即厂商的转化率。可见，在嵌入平台排序机制的市场交易中，平台排序机制既能够影响消费者搜索范围，又能够影响消费者购买决策，因此能够影响消费者选择；既能够影响厂商的流量，又能够影响厂商的转化率，因此能够影响厂商间的竞争。

三、实证检验

目前,国外已经有大量反映排序位置对消费者选择影响的实证研究,并以此来说明平台排序机制的作用。特别是 Dinerstein 等(2017)利用 eBay 用户的浏览数据,通过比较不同排序设计下的消费者购买行为与厂商利润,定量评估了平台排序机制的作用;Ursu(2018)利用旅游中介平台 Expedia 中消费者搜索及订购酒店的数据,通过实验比较平台随机推荐与相关性推荐下的市场结果,从而量化研究了平台排序位置对消费者选择的影响。近年来,国内与平台企业相关的实证研究逐渐增加,比如李维安等(2007)对网上声誉机制的实证研究;吴德胜和任星耀(2013)对网上拍卖机制有效性的研究;孙浦阳等(2017)研究电子商务平台对消费者搜索成本与消费价格的影响;王宇等(2019)实证分析了排序机制对产品质量的积极作用。但与国外相比,国内对平台排序机制的实证研究在广度与深度上均有待加强。

本节将构建实证研究模型,利用网络爬虫抓取到的淘宝平台搜索数据与手工摘录整理的相应店铺数据,验证排序位置对消费者选择与厂商竞争的作用。

(一) 实证模型与数据说明

近年来,中国电子商务平台在经历了爆发式的增长后,交易规模与活跃用户人数的增速已经开始逐步趋于平缓,同时市场结构呈现出高度集中的态势。淘宝作为中国最大的网络零售平台,已经网罗了全国超过半数的网络零售交易。易观数据显示,淘宝移动端的月度活跃用户数在 2019 年 12 月与 2020 年 6 月分别达到 6.87 亿与 7.83 亿,不仅稳居中国综合电商类手机 App 活跃用户规模第一,并且在所有移动 App 的流量评比中也是名列前茅,仅次于通信社交类的微信 App。淘宝平台中海量的用户与丰富的交易数据,能够较好地反映中国网络零售市场的特征,故本书选取淘宝平台的数据进行实证检验。

为验证平台排序位置与排序频率对消费者选择的影响,笔者构建的基准模型为

第四章 排序机制对电子商务平台用户选择的作用机理 / 61

$$\ln s = \alpha + \beta_1 \ln rank + \beta_2 \ln pinlv + \beta_3 \ln price + \beta_4 \ln fans + \\ \beta_5 type + \beta_6 relevance + \beta_7 geo + \beta_8 \ln open + \beta_9 wr + \\ \beta_{10} mr + \beta_{11} fr + \beta_{12} wr + \beta_{12} \ln deposit + \varepsilon \quad (4-8)$$

其中，$\ln s$ 为卖家市场份额的对数值；$\ln rank$ 为卖家排序位置的对数值；$\ln pinlv$ 为卖家出现在搜索结果中的频率；$\ln price$ 为卖家产品价格的对数值；$\ln fans$ 为卖家关注收藏数的对数值；ε 为随机扰动项；其余变量的具体含义如表 4-2 所示。

表 4-2 变量说明与数据来源

变量类型	符号	名称	变量含义	来源
被解释变量	share	市场份额	产品销量在排序位所有产品总销量中的占比	爬虫直接抓取，搜索结果中直接展示的付款人数
主要解释变量	price	产品价格	卖家对产品的定价	爬虫直接抓取，搜索结果中展示的产品标价
	rank	排序位置	产品首次出现在搜索结果页面中的位置	爬虫结果赋值，按照搜索结果的展示顺序依次赋值
	pinlv	排序频率	产品所属卖家在搜索结果中出现的次数与总搜索结果数量之比	爬虫结果计算，按照搜索结果中同卖家产品展示频次计算
	fans	关注人数	产品所属卖家被消费者关注的数量	手工摘录整理，通过淘宝 App 搜索，店铺首页展示该信息
控制变量	type	卖家类型	区分天猫卖家与淘宝卖家	爬虫结果赋值，虚拟变量，天猫卖家记 1，淘宝卖家记 0
	relevance	相关性	区分产品与搜索关键词的相关程度	手工摘录整理，虚拟变量，根据产品详情页信息赋值，将相关产品赋值为 1，周边产品赋值为 0
	geo	卖家地址	产品所属卖家所在地	爬虫结果赋值，虚拟变量，将与品牌企业注册地一致的卖家赋值为 1，注册地不一致的卖家赋值为 0

续 表

变量类型	符号	名称	变量含义	来源
控制变量	$open$	开店时长	产品所属卖家在平台营业的时长	手工摘录整理,通过淘宝 App 搜索,从"店铺印象"中摘录开店时间,并计算
	mr	描述评分	衡量产品与描述相符程度	手动摘录整理,淘宝 App "店铺印象"
	fr	服务评分	衡量产品所属卖家的服务	手动摘录整理,淘宝 App "店铺印象"
	wr	物流评分	衡量产品的物流配送服务	手动摘录整理,淘宝 App "店铺印象"
	$deposit$	保证金	卖家向平台交纳的保证金	手动摘录整理,淘宝 App "店铺印象"

资料来源:笔者整理。

为讨论排序与价格在影响厂商份额时的相互作用,笔者将价格与排序的交互项加入实证模型,进行如下回归:

$$\ln s = \alpha + \beta_1 \ln rank + \beta_2 \ln price + \beta_3 \ln rank \times \ln price + \beta_4 \ln pinlv + \\ \beta_5 \ln fans + \beta_6 type + \beta_7 relevance + \beta_8 geo + \beta_9 \ln open + \\ \beta_{10} wr + \beta_{11} mr + \beta_{12} fr + \beta_{13} wr + \beta_{14} \ln deposit + \varepsilon \quad (4-9)$$

为讨论固定样本搜索模式对顺序搜索模式的替代作用,将排序与关注收藏的交互项加入实证模型,进行如下回归:

$$\ln s = \alpha + \beta_1 \ln rank + \beta_2 \ln fans + \beta_3 \ln rank \times \ln fans + \beta_4 \ln pinlv + \\ \beta_5 \ln price + \beta_6 type + \beta_7 relevance + \beta_8 geo + \beta_9 \ln open + \\ \beta_{10} wr + \beta_{11} mr + \beta_{12} fr + \beta_{13} wr + \beta_{14} \ln deposit + \varepsilon \quad (4-10)$$

考虑到排序位置跨周变动的情况可能会与单日的回归存在差异,故在利用截面数据进行回归的基础上,还增加了面板数据的回归进行对比。

淘宝平台向消费者提供了十分丰富的搜索排序工具,一方面消费者可以直接点击选择行业品类标签,了解相关产品及厂商信息;另一方面消费者可以通过输入关键词直接搜索感兴趣的产品与厂商信息。在关键词搜索中,淘宝平台主要向消费者提供了"综合排序""销量排序""信用排序"与"价格排序"四种排序机制,由于淘宝平台的流量主要来自"综合排序"[1],因此笔者利用"综合排序"的搜索数据进行实证检验。京东平台同样为消费者提供了比较丰富的搜索工具,但京东平台与淘宝平台的不同之处在于,后者会公开提供产品一个月以内的销量,而前者只公开产品的累积评论数,难以反映出短期评分变化对消费者选择的影响,故此处的实证检验选用淘宝而非京东。

笔者选择海信电视机作为研究对象,原因在于:首先,海信电视属于标准化的耐用品,销量与价格较非标准化的快消品来说更加稳定,不容易受到时间周期干扰,同时作为品牌产品,海信电视的交易量也较高,容易获取到大量数据;其次,选择品牌电视这种标准化程度高的产品,能够比较有效地弱化产品与卖家之间不可观测的特征差异,从而缓解遗漏变量所致的内生性问题;最后,由于海信电视的可选卖家较多,消费者会面临着较高的搜索成本,但同时由于海信电视的价格较高,消费者会倾向于花费时间利用平台排序机制进行搜索比较,可见海信电视能较好地体现排序机制对消费者选择的影响。

笔者利用软件程序抓取了 2020 年 9 月 16 日至 10 月 13 日以"海信电视"为关键词的淘宝平台搜索结果,共 123 312 条。首先利用 9 月 16 日的截面数据进行回归分析,通过手动摘录整理和匹配产品数据与卖家数据,并剔除掉数据严重缺失的产品,最终得到有效观测值共 1 999 个。其次利用面板数据回归,筛选出 4 周之内一直出现在搜索结果页面中的卖家,并剔除掉数据严重缺失的卖家,可以得到 114 家店铺的数据,得到平衡面板数据,共计 3 192 个观测值。

实证研究的主要变量说明见表 4-2,截面数据的描述性统计与相关性分析见表 4-3 与表 4-4,面板数据的描述性统计与相关性分析见表 4-5 与表 4-6。

---

[1] 阿里研究院的研究显示,淘宝平台 80% 以上的流量都来自"综合排序"(王宇等,2019)。

表4-3 截面数据：主要变量的描述性统计

变量	均值	标准差	最小值	最大值	中位数	观测值
市场份额	0.050 0	0.262 3	0	6.209 2	0.005 3	1 999
产品价格	2 667	3 851	799	25 999	2 799	1 999
排序位置	1 116.444 0	688.278 0	1.000 0	4 140.000 0	1 093.000 0	1 999
排序频率	0.049 4	0.078 5	0.001 8	0.331 8	0.014 6	1 999
关注人数	1 370 500	6 875 303	2.000 0	40 000 000	1 877	1 999
卖家类型	0.654 3	0.475 7	0.000 0	1.000 0	1.000 0	1 999
相关性	0.318 2	0.465 9	0.000 0	1.000 0	0.000 0	1 999
卖家地址	0.253 6	0.435 2	0.000 0	1.000 0	0.000 0	1 999
开店时长	4.783 5	3.585 6	0.100 0	16.000 0	4.000 0	1 999
描述评分	4.854 6	0.073 1	4.300 0	5.000 0	4.900 0	1 999
服务评分	4.845 6	0.070 5	4.400 0	5.000 0	4.800 0	1 999
物流评分	4.853 6	0.067 6	4.300 0	5.000 0	4.900 0	1 999
保证金	74 309	49 047	1 000	150 000	1 000	1 999

注：本表数值保留4位小数，部分变量如产品价格、关注人数与保证金的相关数值较大，只保留整数部分。

资料来源：笔者利用Stata15.1软件计算。

表4-4 截面数据：变量的相关性检验

变量	ln share	ln rank	ln pinlv	ln price	ln fans	ln open	type
ln share	1.000 0						
ln rank	−0.097 5***	1.000 0					
ln pinlv	0.011 2	−0.119 8***	1.000 0				
ln price	−0.123 7***	−0.645 4***	0.282 7***	1.000 0			

续 表

变量	ln share	ln rank	ln pinlv	ln price	ln fans	ln open	type
ln fans	0.073 4***	−0.229 8***	0.473 6***	0.399 4***	1.000 0		
ln open	−0.024 5	−0.026 8	0.090 6***	0.106 4***	0.554 6***	1.000 0	
type	0.051 5***	−0.006 6	0.454 9***	0.108 2***	0.335 6***	−0.176 4***	1.000 0
relevance	−0.053 0***	−0.770 9***	0.311 4***	0.835 5***	0.392 9***	0.081 5***	0.090 0***
geo	−0.077 9***	−0.566 3***	0.312 2***	0.698 4***	0.263 9***	0.137 5***	0.131 2***
mr	−0.023 5***	−0.150 5***	0.029 6	0.196 0***	−0.067 3***	−0.161 4***	0.118 7***
fr	−0.021 3	−0.113 2***	−0.011 4	0.156 3***	−0.115 7***	−0.206 8***	−0.022 0
wr	−0.037 0	0.220 0***	0.100 7***	0.311 8***	−0.017 4	−0.189 2***	0.064 7
deposit	0.041 2	−0.067 6***	0.376 4***	0.126 0***	0.293 8***	−0.136 7***	0.931 0***

变量	relevance	geo	mr	fr	wr	deposit
relevance	1.000 0					
geo	0.727 5***	1.000 0				
mr	0.117 0***	0.225 1***	1.000 0			
fr	0.060 7***	0.157 8***	0.841 4***	1.000 0		
wr	0.227 1***	0.326 8***	0.832 0***	0.834 2***	1.000 0	
deposit	0.150 7***	0.148 2***	0.092 2***	−0.064 6***	0.023 6	1.000 0

注：***、**、*分别表示统计值在1%、5%和10%的显著水平下显著。
资料来源：笔者利用Stata15.1软件计算。

表 4-5 面板数据：主要变量的描述性统计

变 量	均 值	标准差	最小值	最大值	中位数	观测值
市场份额	0.877 1	2.783 7	0.006 8	25.305 9	0.082 1	3 192
产品价格	3 072.565 0	1 902.422 0	1 049	12 999	2 399	3 192

续 表

变量	均值	标准差	最小值	最大值	中位数	观测值
排序位置	468.479 3	284.098 3	2	1 613	485	3 192
排序频率	0.875 1	0.870 1	0.041 2	4.551 1	0.556 3	3 192
关注人数	2 658 425	9 568 037	28	40 000 000	2 638	3 192
卖家类型	0.535 1	0.498 8	0.000 0	1.000 0	1.000 0	3 192
相关性	0.815 8	0.387 7	0.000 0	1.000 0	1.000 0	3 192
卖家地址	0.570 2	0.495 1	0.000 0	1.000 0	1.000 0	3 192
开店时长	5.354 4	3.589 4	0.100 0	13.000 0	4.000 0	3 192
描述评分	4.856 1	0.097 4	4.300 0	5.000 0	4.900 0	3 192
服务评分	4.845 6	0.089 0	4.400 0	5.000 0	4.900 0	3 192
物流评分	4.862 3	0.083 1	4.400 0	5.000 0	4.900 0	3 192
保证金	46 251	27 624	1 000	100 000	50 000	3 192

注：本表数值保留 4 位小数，部分变量如产品价格、关注人数与保证金的相关数值较大，只保留整数部分。
资料来源：笔者利用 Stata15.1 软件计算。

表 4-6　面板数据：变量的相关性检验

变量	ln share	ln rank	ln pinlv	ln price	ln fans	ln open	type
ln share	1.000 0						
ln rank	−0.165 7***	1.000 0					
ln pinlv	0.091 0***	−0.127 5***	1.000 0				
ln price	−0.243 5***	−0.378 7***	0.477 5***	1.000 0			
ln fans	0.354 6***	−0.095 4***	0.766 3***	0.342 0***	1.000 0		
ln open	−0.142 2***	0.031 9*	0.452 6***	0.169 4***	0.435 5***	1.000 0	

续　表

变量	ln share	ln rank	ln pinlv	ln price	ln fans	ln open	type
type	0.148 9***	−0.273 0***	0.556 4***	0.457 1***	0.576 3***	0.116 0***	1.000 0
relevance	−0.146 5***	−0.345 3***	0.265 5***	0.737 0***	0.161 2***	−0.130 6***	0.237 6***
geo	−0.176 5***	−0.268 7***	0.384 2***	0.520 1***	0.177 7***	0.341 3***	0.292 0***
mr	0.046 7***	−0.097 6***	−0.052 7***	0.110 5***	0.043 8**	−0.009 8	0.176 2***
fr	0.002 8	−0.058 9***	−0.098 6***	0.020 0	−0.025 4	−0.070 8***	0.023 2
wr	0.050 9***	−0.164 5***	0.008 7	0.206 7***	0.099 7***	−0.051 4***	0.190 6***
deposit	0.045 3**	0.292 3***	0.591 7***	0.610 3***	0.548 7***	0.201 2***	0.655 0***

变量	relevance	geo	mr	fr	wr	deposit
relevance	1.000 0					
geo	0.227 3***	1.000 0				
mr	−0.074 6***	−0.191 2***	1.000 0			
fr	−0.137 8***	−0.106 5***	0.889 0***	1.000 0		
wr	0.029 4	0.224 2***	0.901 1***	0.849 2***	1.000 0	
deposit	0.481 4**	0.221 9***	−0.017 8	−0.222 4***	−0.031 0*	1.000 0

注：***、**、*分别表示统计值在1%、5%和10%的显著水平下显著。
资料来源：笔者利用Stata15.1软件计算。

(二) 回归结果分析

笔者采用OLS模型对淘宝"海信电视"搜索结果的截面数据进行回归分析，为控制多重共线性问题对回归结果的影响，进行方差膨胀因子检验且膨胀因子显著小于10。为了解决异方差问题，采用稳健标准误进行估计。

表 4-7 截面回归：平台排序对消费者选择的影响检验

	(1)	(2)	(3)	(4)	(5)
产品价格	−0.021 6*** (0.002 6)	−0.016 8*** (0.002 5)	−0.017 5*** (0.002 5)	−0.017 4*** (0.002 7)	−0.017 5*** (0.002 7)
排序位置	−0.037 7*** (0.004 6)	−0.045 3*** (0.005 8)	−0.044 8*** (0.005 7)	−0.044 8*** (0.005 8)	−0.044 9*** (0.005 8)
排序频率	−0.001 4 (0.001 6)	−0.001 6 (0.002 0)	−0.002 5 (0.002 1)	−0.002 4 (0.002 1)	−0.002 6 (0.002 1)
关注人数	0.006 1*** (0.000 9)	0.005 9*** (0.000 9)	0.010 0*** (0.001 2)	0.010 0*** (0.001 2)	0.009 9*** (0.001 2)
卖家类型		0.013 9** (0.005 7)	−0.000 7 (0.005 9)	−0.000 8 (0.006 2)	0.007 2 (0.014 9)
相关性		−0.035 1*** (0.009 9)	−0.045 2*** (0.010 2)	−0.045 7*** (0.010 9)	−0.044 0*** (0.011 0)
卖家地址		−0.007 6 (0.005 4)	0.003 8 (0.005 6)	0.004 3 (0.005 9)	0.003 8 (0.005 8)
开店时长			−0.012 4*** (0.002 4)	−0.012 6*** (0.002 4)	−0.012 3*** (0.002 4)
描述评分				0.000 7* (0.065 3)	0.002 7 (0.065 5)
服务评分				0.001 4 (0.052 5)	−0.000 7 (0.052 7)
物流评分				−0.011 7 (0.056 6)	−0.013 4 (0.056 7)
保证金					−7.71×10^{-8} (1.17×10^{-7})
常数项	0.343 0*** (0.042 3)	0.374 3*** (0.047 8)	0.360 6*** (0.046 4)	0.407 3** (0.168 8)	0.416 9** (0.169 7)
R^2	0.490 0	0.496 9	0.505 6	0.505 6	0.506 0

续 表

	(1)	(2)	(3)	(4)	(5)
F	19.45	11.54	11.36	8.44	8.92
N	1 999	1 999	1 999	1 999	1 999

注：***、**、* 分别表示统计值在 1%、5% 和 10% 的显著水平下显著。
资料来源：笔者利用 Stata15.1 软件计算。

截面数据基准模型的回归结果显示，产品价格、排序位置的估计系数在逐步回归过程中都在 1% 的水平上显著，这说明产品价格、平台排序都能显著影响消费者选择与厂商份额。并且产品价格、排序位置的估计系数为负，这说明产品价格越低，厂商市场份额越高；排序位置越靠前，厂商市场份额越高。关注人数的估计系数显著为正，这证实了线上消费者确实会采用固定样本搜索。但排序频率与市场份额并不相关，这可能是因为本研究采用单个产品计算市场份额，并未将同一家店铺的产品的市场份额统一加总。

表 4-8 截面回归：平台排序机制替代效应的检验

	(1)	(2)
产品价格	−0.173 7*** (0.022 9)	−0.185 5*** (0.022 5)
排序位置	−0.195 1*** (0.023 7)	−0.186 1*** (0.024 1)
关注人数	0.007 5*** (0.001 0)	0.020 3*** (0.003 6)
产品价格与排序位置交互项	0.022 3*** (0.003 0)	0.024 0*** (0.002 9)
排序位置与关注人数交互项		−0.002 1*** (0.000 6)
排序频率	0.001 8 (0.002 0)	0.001 5 (0.002 0)
卖家类型	0.030 9** (0.015 4)	0.029 3* (0.015 5)

续　表

	(1)	(2)
相关性	−0.045 9*** (0.009 9)	−0.038 4*** (0.010 1)
卖家地址	0.021 0*** (0.006 8)	0.020 8*** (0.006 8)
开店时长	−0.006 5*** (0.002 2)	−0.004 9** (0.002 3)
描述评分	−0.031 0 (0.064 5)	−0.024 0 (0.064 4)
服务评分	−0.026 5 (0.052 8)	−0.021 9 (0.052 6)
物流评分	0.021 9 (0.056 6)	0.010 1 (0.055 9)
保证金	-1.34×10^{-7} (1.13×10^{-7})	-8.75×10^{-8} (1.15×10^{-7})
常数项	1.624 1*** (0.243 4)	1.570 0*** (0.246 5)
R^2	0.665 2	0.667 8
F	8.38	9.39
N	1 999	1 999

注：***、**、*分别表示统计值在1%、5%和10%的显著水平下显著。
资料来源：笔者利用Stata15.1软件计算。

表4-8的回归结果表明,产品价格与排序位置的交互项在1%的水平上显著为正,而产品价格的估计系数显著为负,这说明排序位置弱化了产品价格对厂商份额的影响,排序机制对产品价格机制具有替代效应。进一步来看,当排序位置越靠前时,产品价格下降对厂商份额提升的作用越大,这是因为排序靠前时厂商流量较排序靠后时更高,因此价格下降对厂商份额的作用越强,排序与价格对厂商的影响具有互补作用。最终排序机制对市场价格机制的影响是这两种作用的加总,由于交互项估计系数与价格估计系数相反,可见在淘宝平台中,排序机制对市场价格机制的影响以替代为主,而非补充。此外,排序

位置与关注人数交互项的估计系数显著为负,这说明在关注人数越多的情况下,排序位置变动对厂商份额的影响越大,这可能是因为消费者更倾向于购买关注人数较多的厂商的产品。

与截面回归进行对照,下文主要展示了28天内反复出现在搜索结果页面中的产品样本的回归结果,如表4-9所示。

表4-9 面板回归:平台排序对消费者选择的影响检验

	(1) FE	(2) RE
产品价格	−0.319 5 (0.392 9)	−0.036 7 (0.257 8)
排序位置	−0.075 4** (0.033 9)	−0.079 3** (0.032 8)
排序频率	1.206 1** (0.526 6)	1.192 4** (0.507 2)
关注人数	6.038 9*** (0.276 0)	0.708 7*** (0.221 1)
控制变量	控制	控制
常数项	−26.122 0 (27.746 1)	−0.296 8 (6.304 3)
R^2	0.653 2	0.515 1
N	3 192	3 192

注:***、**、*分别表示统计值在1%、5%和10%的显著水平下显著。在上述回归中,对被解释变量和主要解释变量取对数值;在固定效应模型的回归中,主要的解释变量排序位置,排序频率及排序频率的平方都在5%的显著水平下显著。豪斯检验结果强烈拒绝原假设,认为应该使用固定效应模型,而非随机效应模型。

与截面回归结果不同的是,产品价格的估计系数并不显著,这说明在跨周数据当中,反复出现在排序位中的产品,其市场份额与产品价格之间的相关性已经被弱化,这进一步证明了排序机制对市场价格机制的替代效应。此外,排序位置与排序频率的估计系数在5%的水平上显著,前者估计系数为负,说明排序位置越靠前,厂商的市场份额越高;后者估计系数为正,说明排序频率越高,产品的市场份额越高。

(三) 稳健性检验

本研究分别对 100 页、50 页、20 页的产品截面数据进行回归,如表 4-10 所示。回归结果显示,产品价格、排序位置的估计系数均在 1% 的显著性水平上显著为负,表明价格与排序位置与厂商市场份额负相关。价格排序交互项估计系数均在 1% 的显著性水平上显著为正,表明排序对价格存在替代效应。排序关注交互项估计系数均在 1% 的显著性水平上显著为负,未能发现关注对排序的替代效应。

表 4-10 截面回归:平台排序对消费者选择影响的稳健性检验

	100 页	50 页	20 页
产品价格	−0.185 5*** (0.022 5)	−0.190 8*** (0.023 1)	−0.166 0*** (0.018 6)
排序位置	−0.186 1*** (0.024 1)	−0.192 1*** (0.024 8)	−0.164 5*** (0.019 8)
关注人数	0.020 3*** (0.003 6)	0.020 5*** (0.003 5)	0.011 4*** (0.004 4)
价格排序交互项	0.024 0*** (0.002 9)	0.024 7*** (0.003 0)	0.020 5*** (0.002 3)
排序关注交互项	−0.002 1*** (0.000 6)	−0.002 1*** (0.000 6)	−0.000 9 (0.000 7)
排序频率	0.001 5 (0.002 0)	0.001 3 (0.002 0)	0.004 2** (0.001 8)
控制变量	控制	控制	控制
常数项	1.570 0*** (0.246 5)	1.627 9*** (0.252 3)	1.538 0*** (0.225 2)
R^2	0.667 8	0.669 6	0.751 7
F	9.39	8.94	8.48
N	1 999	1 999	1 999

注:***、**、*分别表示统计值在 1%、5% 和 10% 的显著水平下显著。
资料来源:笔者利用 Stata15.1 软件计算。

通过重新筛选匹配前50页与前20页反复出现在搜索排序位置的产品，得到平衡面板数据，进行面板回归，结果依然稳健，如表4-11所示。

表4-11 面板回归：平台排序对消费者选择影响的稳健性检验

	100页		50页		20页	
	(1) FE	(2) RE	(3) FE	(4) RE	(5) FE	(6) RE
价格	0.3195 (0.3929)	−0.0367 (0.2578)	0.2982 (0.3936)	−0.0371 (0.2558)	0.2722 (0.4120)	0.0135 (0.2631)
排序位置	−0.0754** (0.0339)	−0.0793** (0.0328)	−0.0772** (0.0337)	−0.0810** (0.0326)	−0.0745** (0.0327)	−0.0785** (0.0316)
排序频率	1.2061** (0.5266)	1.1924** (0.5072)	2.1335*** (0.7421)	2.1286*** (0.7051)	2.8524** (1.1169)	2.7161*** (1.0349)
关注人数	6.0389*** (0.2760)	0.7087*** (0.2211)	5.7842*** (0.3111)	0.6178*** (0.2164)	1.3250*** (0.3314)	0.5212** (0.2292)
控制变量	控制	控制	控制	控制	控制	控制
常数项	−26.1220 (27.7461)	−0.2968 (6.3043)	−28.8857 (29.0471)	−0.5559* (6.1338)	−17.6982 (29.9043)	−3.2979 (6.1099)
R^2	0.9532	—	0.9536	—	0.9408	—
N	3192	3192	3192	3192	2800	2800

注：***、**、*分别表示统计值在1%、5%和10%的显著水平下显著。50页与20页是通过重新求取平衡面板数据进行的回归，具体来说是重新选取了28天内重复出现在50页之内与20页之内的产品数据。在随机效应模型的回归中，stata15.1软件计算R-squared within值，三次回归中的结果分别为0.021、0.031和0.037。

关于平台排序与卖家销量的内生性问题。本研究所采集的数据对应着淘宝的"综合排序"数据，虽然淘宝官方并未公开综合排序机制的算法，但笔者认为卖家销量对淘宝"综合排序"的影响较弱，回归模型中因二者之间的双向因果关系导致的内生性问题并不严重，原因在于：一方面，淘宝在提供综合排序机制的同时，还提供销量排序机制、信用排序机制、价格排序机制等，淘宝无须在综合排序中使销量占据较高比重，并且在实证分析中所采用的销量主要指近一个月内该产品的销售人气，并不反映产品的累计销售情况；另一方面，根据卖家论坛中对淘宝综合排序机制的分析可知,动态评分、消费者转化率、售后服务保障等因素对综合排序位置的影响更加突出,并且卖家之间的探讨也主要集中在如何通过排序位置改善产品销量。

小结

在嵌入平台排序机制的市场交易中,消费者的选择不再单纯依赖于市场价格信息,同时还受排序位置对应的搜索成本制约,厂商的竞争不再单纯依赖于降低价格,同时还要考虑排序位置对应的消费者浏览量。根据本章的理论研究与实证检验的结果可知,平台排序能够显著影响厂商份额,并弱化价格在厂商竞争中的作用,平台排序机制对市场价格机制既有互补效应,又有替代效应。基于淘宝平台搜索数据的实证检验发现,目前平台排序机制主要表现出对市场价格机制的替代效应。

讨论平台排序对消费者选择与厂商份额的影响是十分重要的,原因在于这种影响力会赋予平台企业干扰厂商间竞争的能力。平台基于保密算法安排各个厂商的排序位置与排序频率,能够使排序位置靠前、排序频率较高的厂商获得远高于位置靠后、排序频率较低的厂商的流量,从而使这些厂商能够获得远超于其他厂商的竞争优势。

第五章　电子商务平台构建排序机制的约束条件

电子商务平台排序机制能够通过影响消费者的搜索成本、消费者的预期与厂商的激励，影响消费者的选择与厂商的份额，从而影响甚至是决定稀缺资源配置。但与市场价格机制不同的是，后者是"看不见的手"基于公开透明、客观中立的价格信号，调节供需、配置资源，最终达到市场均衡与社会福利的最大化；而前者是平台企业作为理性经济人，基于保密算法生成的排序结果进行资源配置，最终的目标是使平台企业自身利润最大化，未必会与社会福利相一致。

近年来，广泛受到学术界与实务部门关注的平台"排序中立性"问题，其实质是源于对垄断平台滥用排序机制，干扰厂商间市场竞争秩序，损害资源配置效率的担忧。目前社会各界对该问题的关注主要是聚焦在平台排序偏袒自有厂商产品这一方面。具体而言，就是垄断平台优先展示自有厂商产品，同时靠后展示甚至是屏蔽竞争厂商的产品，从而将市场势力传递到相邻市场当中，妨碍相邻市场竞争。然而，平台企业是否会干扰厂商间的正常竞争秩序，并不仅仅与自有厂商是否参与竞争有关，还必须考虑厂商间的竞争程度对平台利润的影响。如果厂商间的竞争会降低平台利润，即使没有自有厂商参与竞争，平台企业仍然会具有利用排序机制干预厂商间竞争的动机。由于平台具有双边用户，用户间存在正向的交叉网络外部性，并且平台对两边用户的收费可能存在差异，因此厂商间竞争对平台利润的影响并不是显而易见的。本章主要考察平台企业构建中立性排序机制的约束条件，讨论在什么情况下平台会干扰厂商间的正常竞争秩序。在构建理论模型进行分析的基础上，本章还将利用从淘宝平台与京东平台爬取的7个行业关键词对应的共53 232条搜索结果，对各平台各行业的排序中立性与集中度进行测算、评估与比较。

一、排序中立性

排序中立性等同于搜索中立性,只是后者主要针对专业搜索引擎而提出,前者则涵盖所有内嵌搜索排序机制的网络平台,如电子商务、住房租赁、在线教育等。搜索中立性指的是搜索引擎应该以相关性作为搜索结果排序的根本指标,而不应为了获取利润弱化相关性的权重。简单来说,上述定义就是指当用户进行搜索时,得到的搜索结果应该是搜索引擎所能提供的最相关的结果,并且搜索结果的排序位置应纯粹以相关性高低决定,即相关性越高的结果排序位置越靠前。相对地,搜索偏见则指的是平台为谋取利润,利用算法将搜索相关性较低、但平台可获利较高的结果置于靠前排序位。这种操纵和干扰搜索结果谋取利润的行为通常被认为会损害社会福利。举例来看,根据曲创和刘洪波(2017)对必应、雅虎与谷歌进行的500个常用关键词的搜索试验可知,谷歌、必应与雅虎在各自搜索结果中显示自有链接的比例都远远高于其他搜索引擎,其中必应显示自有链接的总量是其他2家搜索引擎显示必应链接的17倍,而雅虎为6倍,谷歌为3倍,这说明3家搜索引擎都采取了偏袒自有链接的排序策略,违反了搜索中立性原则,属于滥用搜索排序权的行为。

排序中立的概念实质上源于网络中立,前者一般被视为是后者的延伸。网络中立由Wu(2003)提出,实质是规范网络运营商对内容提供商的服务与定价,以避免网络运营商滥用市场势力损害社会福利。Bourreau和Lestage(2017)认为无定价规则(no-pricing rule)与非歧视规则(no-discrimination rule)是网络中立原则的核心,前者禁止网络运营商网络就传输网络内容服务向内容提供商收费;后者要求网络运营商不得向内容提供商提供差异化服务。举例来看,网络中立原则要求网络提供者对雅虎与谷歌的所有搜索用户提供相同质量的服务,以相同的网速反馈搜索结果,而不应优待其中任何一方的搜索请求。网络中立现在已经成为美国互联网宽带提供商运营的一项基本准则(仲春,2016)。

与网络中立类似,Grimmenlmann(2011)在研究中解构了排序中立性的8条原则:

(1) 平等:搜索引擎不应该区别对待所有网站;

(2) 客观性:搜索结果有正确的也有不正确的,搜索引擎应该只返回正确的结果；

（3）偏见：搜索引擎不应该歪曲信息；

（4）畅通：网站依赖的用户流量不应被搜索引擎切断；

（5）相关性：搜索引擎提供的搜索结果应该以最大化用户满意度为目标；

（6）利益：搜索引擎不应该参与相关的交易；

（7）透明度：搜索引擎应该公开它们用于网页排名的算法；

（8）操纵：搜索引擎应该只根据一般规则对网站进行排名，而不是根据歧视规则对网站进行排序升级或降级。

简单来说，正如Edelman(2011)所指出的那样，"从最符合社会福利的角度来看，一个设计良好的全自动索引和搜索算法会选择那些与用户请求最相关的搜索结果"。

排序中立性问题最初只是搜索引擎领域反垄断规制的核心内容。搜索引擎是由平台选择一系列的页面链接来响应用户搜索请求的检索服务。然而，互联网上包含了数十亿的页面，即使是一个十分精确的关键词查询，动辄也要牵涉成千上万的页面，因此越来越受到关注的问题是，平台搜索结果的选择是否是最优的、公平的？搜索引擎会优先展示自有网页链接吗？会优先展示其合作伙伴的网页链接吗？这类与排序中立性相关的问题，归根结底都是同一个问题，即在消费者根本无法知悉所有网页链接，甚至难以鉴别搜索引擎排序结果的优劣时，平台与消费者的利益能够保持一致吗？

近年来，随着越来越多的网络平台开始提供搜索排序服务，上述问题的重要性日益凸显，尤其是电子商务平台的排序中立性直接关系到厂商之间的竞争秩序。目前为止，社会各界主要关注的问题是平台排序是否偏袒自有厂商产品，然而，平台企业是否会干扰厂商间的正常竞争秩序，并不仅仅与自有厂商是否参与竞争有关，还必须考虑厂商间的竞争程度对平台利润的影响。如果厂商间竞争会降低平台利润，即使没有自有厂商参与竞争，平台企业仍然会具有利用排序机制干预厂商间竞争的动机。因此，下文将通过构建理论模型来探讨在什么样的约束条件下平台会具有干扰厂商竞争秩序的动机。

二、基于厂商竞争的理论模型

在平台规模不断扩张的动态过程中，初始阶段时卖方数量增加伴随着多样性的增加，从而导致买方平均效用增加，买方数量增加。又由于买方平均效用增加导致买方购买意愿增加,卖方的平均利润会增加,于是买卖双方的规模会持续扩张。但当卖方数量达到一定规模之后,卖方数量增加带来的多样性变化会微不足道,而大量重复、同质的交易加剧了卖方竞争,此时卖方的平均利润会下降,同时导致买方的平均效用上升,买方的数量会增加,从而增加卖方的交易量,因此卖方的总利润反而可能上升。但无论如何,只要卖方的平均利润为正,卖方的数量就有可能增加,从而在正反馈效应的作用下使买卖双方规模持续扩张,直到卖方的平均利润下降为0。

显然,在多样性增加的阶段,正反馈效应必然导致双方的平均利润都持续增加。因此分析主要从卖方数量规模达到竞争性加剧替代多样性变化的拐点(记为 N_s^O)开始,到卖方数量规模达到卖方平均利润降为0的终点(记为 N_s^T)为止。将买方记为 c,卖方记为 s,数量分别记为 n_c 与 n_s,买方效用与卖方利润分别记为 u_c 与 u_s,借鉴 Armstrong(2006)、Belleflamme 和 Peitz(2019)的双边市场模型,可将买卖双方的效用与利润函数表达如下:

$$\begin{aligned} u_c &= \alpha_c(n_c, n_s) \cdot n_s \\ u_s &= \alpha_s(n_c, n_s) \cdot n_c \end{aligned} \quad (5-1)$$

其中,α_c 与 α_s 分别表示每个买(卖)方从每个卖(买)方所获取的平均利润(已扣除成本),由于买方与卖方内部的外部性与买卖双方之间的外部性问题,平均利润 α_c 与 α_s 是买方数量 n_c 与卖方数量 n_s 的函数。同时,买方数量 n_c 与卖方数量 n_s 则是各自效用或利润的增函数,即

$$\begin{aligned} n_c &= \varphi_c(u_c), \quad \varphi_c' > 0 \\ n_s &= \varphi_s(u_s), \quad \varphi_s' > 0 \end{aligned} \quad (5-2)$$

下文将在此基础上,分析卖方规模从拐点 N_s^O 增长到 N_s^T 的动态过程中,不同收费结构[①]下平台的卖方最优规模与社会福利变化。为简化问题,假设平台成本均为零。

(一)双边免费的情况

平台向买方和卖方免费开放,买卖双方以追求自身效用(利润)最大化为决策依据,自由选择是否使用平台进行交易。

---

① 本书将双边平台针对两边用户分别制订的收费标准组合称为平台的收费结构,可以简单分成三类:对双边用户均免费、对一边用户收费而对一边用户免费,以及对双边用户都收费。

(1) 在卖方数量达到竞争性加剧替代多样性变化的拐点,即 $n_s = N_s^O$ 时,买方效用与卖方利润表示如下:

$$\begin{aligned} u_c^O &= \alpha_c^O N_s^O \\ u_s^O &= \alpha_s^O N_c^O \end{aligned} \quad (5-3)$$

其中,u_c^O 与 u_s^O 分别表示在拐点时刻买方的效用与卖方的利润;α_c^O 与 α_s^O 则分别表示在拐点时刻每个买(卖)方从每个卖(买)方所获取的平均效用(利润),已扣除成本。此时,社会福利为所有买方效用与卖方利润的总和,即

$$W^O = N_c^O N_s^O (\alpha_c^O + \alpha_s^O) \quad (5-4)$$

(2) 当卖方数量处于竞争加剧,但卖方平均利润为正,买卖双方正反馈效应仍然存在的阶段,即 $N_s^O < n_s < N_s^T$ 时,买方效用与卖方利润如下:

$$\begin{aligned} u_c &= [\alpha_c^O + \beta(n_s - N_s^O)] n_s \\ u_s &= [\alpha_s^O - \beta(n_s - N_s^O)] n_c \end{aligned} \quad (5-5)$$

其中,β 反映卖方间的竞争性大小,代表每增加一个卖方导致的平均利润减少额。卖方间竞争性越大,则对应平均利润的减少额越多。$\beta(n_s - N_s^O)$ 代表拐点之后新进入的所有卖家参与竞争导致的卖方平均利润的减少总额。此时,每个卖方从每个买方所获得的平均利润减少的部分恰是每个买方与每个卖方交易时可以少付出的成本,即买方平均效用的增加额。当卖方利润下降为 0 时,卖方数量恰为 N_s^T,即

$$\alpha_s^O - \beta(N_s^T - N_s^O) = 0 \quad (5-6)$$

在此过程中,由于 $N_s^O < n_s < N_s^T$,所以 $\alpha_s^O - \beta(n_s - N_s^O) > 0$。

社会福利可表示为所有买方效用与卖方利润的总和,即

$$W = n_c n_s (\alpha_c^o + \alpha_s^o) \quad (5-7)$$

(3) 当卖方数量增加使卖方平均利润为 0,即 $n_s = N_s^T = \alpha_s^O/\beta + N_s^O$ 时,买方效用与卖方利润表示如下:

$$\begin{aligned} U_c^T &= [\alpha_c^O + \beta(N_s^T - N_s^O)] N_s^T \\ u_c^S &= 0 \end{aligned} \quad (5-8)$$

(二) 双边收费的情况

现在讨论平台向买卖双方收费开放的情况。买方和卖方若想使用平台进行交易,必须向平台所有者缴纳使用费。为简化问题,使平台所有者直接向买方收取效用分成费用,向卖方收取利润分成费用,分成率分别为 γ_c 和 γ_s, $0<\gamma_c<1$, $0<\gamma_s<1$。

(1) 在卖方数量达到竞争性加剧替代多样性变化的拐点,即 $n_s=N_s^O$ 时,买方效用与卖方利润表示如下:

$$u_c^O = (1-\gamma_c)\alpha_c^O N_s^O \\ u_s^O = (1-\gamma_s)\alpha_s^O N_c^O \tag{5-9}$$

此时,平台利润为

$$\pi = N_c^O N_s^O (\gamma_c \alpha_c^O + \gamma_s \alpha_s^O) \tag{5-10}$$

此时,社会福利与平台使用权公有时一致,为所有买方效用与卖方利润的总和,即

$$W^O = N_c^O N_s^O (\alpha_c^O + \alpha_s^O) \tag{5-11}$$

(2) 拐点之后,当卖方数量处于竞争加剧,但卖方平均利润为正,买卖双方正反馈效应仍然存在的阶段,即 $N_s^O < n_s < N_s^T$ 时,买方效用与卖方利润如下:

$$u_c = (1-\gamma_c)[\alpha_c^O + \beta(n_s - N_s^O)]n_s \\ u_s = (1-\gamma_s)[\alpha_s^O - \beta(n_s - N_s^O)]n_c \tag{5-12}$$

此时,平台利润为从买方与卖方收取的分成费用之和,即

$$\pi = [(\gamma_c \alpha_c^O + \gamma_s \alpha_s^O) - (\gamma_s - \gamma_c)\beta(n_s - N_s^O)]n_c n_s$$

记 $\Delta = \gamma_c \alpha_c^O + \gamma_s \alpha_s^O$,为拐点时平台从每个买方和卖方所能获得的初始平均利润;$\beta^* = (\gamma_s - \gamma_c)\beta$,指的是在卖家竞争阶段,每增加一个卖家数量所致的平台平均利润的变化额;$\beta^*(n_s - N_s^O)$ 指的是自拐点后加入的所有卖家参与竞争所致的平台平均利润的变化总额。依此可将上式改写为

$$\pi = [\Delta - \beta^*(n_s - N_s^O)]n_c n_s \tag{5-13}$$

存在最优卖方规模的一阶条件为

$$\frac{\partial \pi}{\partial n_s} = (\gamma_c \alpha_c^O + \gamma_s \alpha_s^O) n_c - (\gamma_s - \gamma_c) \beta (2n_s - N_S^O) n_c = 0 \quad (5-14)$$

由于 $n_s > N_s^O$，所以当且仅当 $\gamma_c < \gamma_s$，即向卖方收取的分成费率高于向买方收取的分成费率时，会使得平台利润随卖方数量的增加而减少，从而存在使平台利润最大化的卖方最优规模。该最优规模为

$$n_s^* = \frac{1}{2}\left(\frac{\Delta}{\beta^*} + N_s^O\right) > 0 \quad (5-15)$$

由上式易知：

$$\begin{aligned}\frac{\partial n_s^*}{\partial \Delta} &> 0 \\ \frac{\partial n_s^*}{\partial N_s^O} &> 0 \\ \frac{\partial n_s^*}{\partial (\gamma_s - \gamma_c)} &< 0 \\ \frac{\partial n_s^*}{\partial \beta} &< 0\end{aligned} \quad (5-16)$$

这表明：第一，平台在拐点时从每个买方与卖方所能获得的初始平均利润越低，平台卖方的最优规模越小；第二，在拐点时使用平台的卖方数量越小，平台卖方的最优规模越小；第三，平台向卖方收取的分成费率比向买方收取的分成费率高出越多，平台卖方的最优规模越小；第四，卖方间竞争性越大，平台卖方的最优规模越小；第五，平台卖方的最优规模与平台买方的数量无关。

由于只有 $n_s^* < N_S^T$ 时，平台卖方的数量才会因为平均利润为正而持续增加，因此平台为求利润最大化需要限制卖方加入的情况只有在同时满足 $\gamma_c < \gamma_s$ 与 $N_S^O < n_s^* < N_S^T$ 时才会存在，将式 5-15 代入此条件即可得到平台限制卖方规模的条件为

$$\beta(\gamma_s - \gamma_c) N_s^O < \Delta < (\gamma_s - \gamma_c)(2\alpha_s^o + \beta N_s^O) \quad (5-17)$$

其中，右侧不等式由 $n_s^* < N_s^T$ 得到，可变形如下：

$$\frac{\gamma_s - \gamma_c}{\gamma_c} > \frac{\alpha_c^o + \alpha_s^o}{\beta N_s^O + \alpha_s^o} \quad (5-18)$$

该条件说明的是，平台向卖方收费的费率不仅仅要比向买方收费的费率

高，而且二者费率的差额还要比一定比例的买方费率更高。当每增加一个卖方导致卖方平均利润减少得越多，或拐点处卖方规模越小时，买卖方的费率差异要越大，才能保证在竞争加剧的阶段，卖方数量增加将平台利润耗尽的速度快于将卖方利润耗尽的速度，平台才会有限制卖方规模的动机。

由式 5-13 与式 5-15 可进一步求得此时平台的最大利润为

$$\pi^* = \frac{1}{4}\left[\frac{\Delta^2}{\beta(\gamma_s - \gamma_c)} + 2N_s^O\Delta + \beta(\gamma_s - \gamma_c)(N_s^O)^2\right]n_c$$

上式化简得：

$$\pi^* = \frac{[\Delta + \beta(\gamma_s - \gamma_c)N_s^O]^2 n_c}{4\beta(\gamma_s - \gamma_c)} \qquad (5-19)$$

由上式易知：

$$\frac{\partial \pi^*}{\partial \Delta} > 0$$

$$\frac{\partial \pi^*}{\partial N_s^O} > 0$$

$$\frac{\partial \pi^*}{\partial n_c} > 0$$

又由式 5-19 可知：

$$\frac{\partial \pi^*}{\partial \beta} < 0$$

$$\frac{\partial \pi^*}{\partial (\gamma_s - \gamma_c)} < 0$$

由此可见，平台处于最优规模时的利润与平台拐点处的平均利润、卖方规模，以及使用平台的买方规模正向相关，而与卖方间竞争性大小以及对买卖方费率差异成反比。

(三) 单边免费的情况

进一步讨论买方可免费使用平台，而卖方使用平台需要向平台所有者付费的情况。需要注意的是，这种情况其实是产权所有者向两边都收费的特例，由于现实中有许多平台是向一边用户免费而向另一边用户收费的，因此单独列出予以分析。设平台直接向卖方收取分成率为 γ_s 的利润分成费用，$0 < \gamma_s < 1$。

(1) 在卖方数量达到竞争性加剧替代多样性变化的拐点，即 $n_s = N_s^O$ 时，买方效用与卖方利润表示如下：

$$\begin{aligned} U_c^O &= \alpha_c^O N_s^O \\ U_s^O &= (1-\gamma_s)\alpha_s^O N_c^O \end{aligned} \quad (5-20)$$

此时，平台利润为

$$\pi = \gamma_s \alpha_s^O N_c^O N_s^O \quad (5-21)$$

此时，社会福利与买卖双方免费使用平台时值一样，为所有买方效用与卖方利润的总和，即

$$W^O = N_c^O N_s^O (\alpha_c^O + \alpha_s^O) \quad (5-22)$$

(2) 拐点之后，当卖方数量处于竞争加剧，但卖方平均利润为正，买卖双方正反馈效应仍然存在的阶段，即 $N_s^O < n_s < N_s^T$ 时，买方效用与卖方利润如下：

$$\begin{aligned} u_c &= [\alpha_c^O + \beta(n_s - N_s^O)]n_s \\ u_s &= (1-\gamma_s)[\alpha_s^O - \beta(n_s - N_s^O)]n_c \end{aligned} \quad (5-23)$$

此时，平台利润为从卖方收取的分成费用总和，即

$$\pi = \gamma_s[\alpha_s^O - \beta(n_s - N_s^O)]n_c n_s \quad (5-24)$$

此时，平台必然限制卖方规模以实现自身利润最大化，卖方规模将被限制为

$$n_s^* = \frac{1}{2}\left(\frac{\alpha_s^O}{\beta} + N_s^O\right) > 0 \quad (5-25)$$

由上式易知：

$$\frac{\partial n_s^*}{\partial \alpha_s^O} > 0$$

$$\frac{\partial n_s^*}{\partial N_s^O} > 0$$

$$\frac{\partial n_s^*}{\partial \beta} < 0$$

这表明：第一，卖方在拐点时的初始平均利润越低，平台卖方的最优规模越小；第二，卖方在拐点时的数量越小，平台卖方的最优规模越小；第三，卖方间竞争性越大，平台卖方的最优规模越小；第四，平台卖方的最优规模与平台买方的数量无关。

由式 5-24 与式 5-25 可进一步求得此时平台的最大利润为

$$\pi^* = \frac{\gamma_s}{4\beta}(\alpha_s^O + \beta N_s^O)^2 n_c \qquad (5-26)$$

由上式易知：

$$\frac{\partial \pi^*}{\partial \alpha_s^O} > 0$$

$$\frac{\partial \pi^*}{\partial N_s^O} > 0$$

$$\frac{\partial \pi^*}{\partial n_c} > 0$$

由此可见，平台最大化的利润与拐点处卖方的平均利润、卖方规模，以及使用平台的买方规模正相关。此外，由 $N_s^O < n_s^* = N_s^T/2$ 易知，$N_s^T > 2N_s^O$，因此平台最大化的利润与卖方间竞争性成反比。

上述研究表明，在正反馈效应作用下买卖双方数量持续增长的动态过程中，卖方数量存在着竞争加剧替代多样性增加的拐点，在此拐点之后，正反馈效应仍然存在，但利润主要源于卖方的平台，有动机通过限制卖方规模来弱化卖方间竞争。在不考虑平台排序机制作用的情况下，大量厂商集聚在同一平台中相互竞争，竞相降价，其结果是厂商与平台的利润都下降。而根据本章的研究结论可知，平台排序机制能够弱化价格在厂商竞争中的作用，跨周反复出现在靠前排序位置的厂商具有远高于其他厂商的持久曝光度，能够以远低于其他厂商的搜索成本构筑自身的竞争优势，而无须通过降低价格与其他厂商进行竞争，因此能够保有超额利润。这意味着，平台能够利用排序机制影响厂商间的竞争，从而减少因厂商竞相降价导致的利润损耗。可见，追求利润最大化的垄断平台存在干扰、限制厂商间正常竞争秩序的动机，而排序机制恰恰是平台操纵厂商竞争秩序的利器。

三、电子商务平台排序机制的非中立程度测算

最先引起社会各界广泛关注排序中立性问题的是自2010年起美国、欧盟、加拿大、韩国、印度和巴西等国对专业搜索引擎平台——谷歌发起的反垄断调查。调查内容包括谷歌在排序结果中提升自有产品排序、降低竞争对手产品排序的问题。而国内搜索引擎企业——百度也面临着类似的诉讼问题。2011年2月18日,互动百科向国家工商总局提交了针对百度的反垄断调查申请书,认为百度滥用搜索排序权,在搜索排序结果对互动百科的链接降权、屏蔽处理,从而限制与排除竞争。

近年来,随着电子商务平台的飞速发展,电子商务平台内置的搜索引擎对厂商间竞争的影响越来越突出,因此其排序中立性的问题已经受到越来越多的关注。2014年诺贝尔经济学奖获得者保罗·克鲁格曼(Paul Krugman)指出:"亚马逊,这个在线零售商巨头,拥有太多的势力,并且它以伤害美国的方式使用这种权力。"[①]2014年底,欧盟投票赞成拆分占据市场主导地位的在线平台,并于2015年开始对电子商务平台展开调查。亚马逊成立于1994年,位于美国华盛顿州西雅图市,目前已经成为全球最大的电子商务公司,囊括了书籍、音乐、电影、美容护理、服装、运动户外、电子设备等多种产品的销售,结合了两种商业模式:一方面,亚马逊是一个在线零售商,从生产商那里购买产品,然后再销售给消费者;另一方面,亚马逊提供了一个在线交易平台,撮合厂商与消费者的交易。eMarketer提供的2020年5月数据显示,亚马逊以38.0%的市场份额高居美国电子商务领域榜首,而位列第2位的沃尔玛和位列第3位的eBay分别仅占有5.8%和4.5%的市场份额。针对亚马逊滥用垄断市场势力的诉讼有很多,根据Budzinski(2015)搜集的针对亚马逊的指控可知,有关亚马逊利用排序机制偏袒自有产品的指控不在少数,比如亚马逊通过排序机制提供误导性的价格信息,使得亚马逊自有产品的价差或折扣看起来比实际要大得多,从而欺骗消费者进行购买。2014年12月,德国一家法院针对这类指控判定亚马逊破坏了行业竞争秩序。

相对而言,国内对电子商务垄断平台排序中立性问题的关注程度要远远

---

① "Amazon.com, the giant online retailer, has too much power, and it uses that power, and it uses that power in ways that hurt America"(Krugman 2014).

低于国外。根据智研咨询发布的《2020—2026年中国电子商务行业竞争现状及市场规模预测报告》数据,2018年全国电子商务交易额已达31.63万亿元,是2012年8.11万亿交易额的近4倍。其中,网上零售额为9.01万亿元,实物商品网上零售额为7.02万亿元,占社会消费品零售总额的比重已高达18.4%。但在交易规模快速扩张的同时,电子商务平台的行业结构却相对稳定。根据电子商务研究中心发布的数据可知,在2012—2018年,天猫、京东两家平台一直占据着中国网络零售B2C市场70%以上的交易份额,天猫平台更是始终占据50%以上的份额。此外,对网上购物平台的集中度测算也表明,网上购物平台市场已经具有垄断结构,淘宝、天猫的用户覆盖率已经分别达到了58.2%与25%(苏治 等,2018)。由此可以判定,淘宝、天猫与京东是隶属于电子商务领域的垄断平台。通过上文的研究可知,不仅仅是经营自有产品的平台具有非中立排序的动机,利润主要源于厂商的垄断平台也具有利用排序机制弱化厂商间竞争的动机。依照该结论来看,与淘宝共用同一套搜索系统的天猫平台向消费者免费开放而仅从厂商一边收取分成费用,显然满足非中立排序的约束条件。事实上,已经有一些学者发现了国内电子商务垄断平台的排序结果存在着一定的偏向性。比如王宇等(2019)在其研究中指出,通过浏览淘宝的"综合排序"结果容易发现,排名靠前的商品几乎全部是来自天猫卖家,除去个别"金牌卖家"之外,很少有普通淘宝卖家的商品排名在前,因此,作为淘宝平台主要流量入口的"综合排序"机制,明显是向天猫卖家倾斜的。无独有偶,刘洪波(2019)指出了一种互联网平台诱导消费者选择的机制,即平台除了会优先展示付费卖家(天猫卖家)之外,还会有意将低质量的其他卖家(淘宝卖家)放置在付费卖家附近,而将高质量的其他卖家排放在不显著的位置,以此诱导消费者选择付费卖家,从而提高平台获取的交易佣金。

总的来说,目前国内针对电子商务平台排序中立性的研究较少,尤其是实证方面的研究。本章的理论研究指出,收费主要源于厂商的电子商务垄断平台具有利用排序机制弱化厂商间竞争的动机,因此与其他基于产品或店铺层面探讨平台排序非中立性的研究不同,下文侧重于从行业层面上测算电子商务垄断平台排序机制的非中立程度。

(一)淘宝、天猫排序的非中立程度测算

为对淘宝平台排序中立性进行较全面的分析,笔者在2020年9月16日—2020年10月13日,利用软件程序分别在淘宝网页输入14个主要行业的

关键词进行"综合排序"①的搜索,共爬取 47 897 条搜索结果。行业及关键词主要是参考 2012—2020 年天猫官方公布的"天猫 20××年度各类目年费软件服务费一览表"中的类目名称,并结合专业服务淘宝卖家的"查排名"网站(http://www.chapaiming.com/)2020 年 8 月 27 日发布的《TOP20 万词表》选定,主要包括"母婴""服装""3C 数码""书籍音像""家居用品""家装家饰""游戏话费""玩乐收藏""珠宝配饰""生活服务""美容护理""车品配饰""运动户外""食品保健"。在淘宝平台中,每一项关键词对应的综合搜索结果至多展示前 100 页,展示的商品信息主要包括商品名称、商品 ID、②商品价格、付款人数、商品图片、商品链接、店铺名称、店铺地理位置以及店铺链接等。由于一些行业的商品搜索数据量较小,难以说明问题,如"游戏话费"仅有 4 页搜索结果,"玩乐收藏"仅有 3 页搜索结果等,因此将这些行业关键词的对应数据予以剔除。剔除后的有效数据共计 7 个行业关键词,30 828 条搜索结果。通过观察搜索结果容易发现,搜索结果中展示的商品存在着重复的现象。事实上,消费者在平时浏览淘宝时也会很容易地注意到,某些商品会被反复推送,并且这样的商品并不全都是广告商品。对应的,这件商品所属的店铺也会反复出现在搜索结果中。通过对搜索结果数据进行去重分析得到表 5-1。③

表 5-1 淘宝主要行业的搜索结果概览

关键词	搜索结果总数	商品(去重)总数	商品(去重)占比	店铺(去重)总数	店铺(去重)占比
母婴	4 404	2 012	45.69%	668	15.17%
服装	4 404	2 008	45.59%	267	6.06%
家居用品	4 404	1 866	42.37%	404	9.17%
珠宝配饰	4 404	1 873	42.53%	226	5.13%

---

① 阿里研究院的研究显示,淘宝与天猫平台约有 80%的消费者流量都源于"综合排序"的搜索,因此本研究选用"综合排序"的搜索结果。
② 商品 ID 是淘宝平台对于商品的编码,类似于个人身份证。淘宝平台上不同店铺提供的不同种产品都有不同的 ID 序列号,利用 ID 序列号可以识别出在排序位置中反复出现的相同产品。需要强调的是,同种产品不同颜色一般具有相同的 ID 序列编码。
③ 由于广告数量很少,剔除广告对占比的结果影响不大,该表反映未剔除广告的结果。

续 表

关键词	搜索结果总数	商品(去重) 总数	商品(去重) 占比	店铺(去重) 总数	店铺(去重) 占比
美容护理	4 404	1 966	44.64%	1259	28.59%
运动户外	4 404	1 890	42.92%	330	7.49%
食品保健	4 404	2 005	45.53%	1161	26.36%
总计	30 828	13 620	44.18%	4 315	14.00%

注：笔者根据淘宝搜索结果计算整理。

根据表5-1可知，除搜索结果数很少的关键词外，在其余关键词所有搜索结果对应的排序位置中，有超过1/2的位置用于展示重复商品，有超过3/4的位置用于展示重复店铺的商品，甚至在"服装""家居用品""珠宝配饰"和"运动户外"四个行业关键词的搜索结果中，有超过90%的位置用于展示重复店铺的商品。重复次数越多，被消费者浏览的次数就越多，消费者与厂商的成交概率就越高。Armstrong(2009,2017)的研究认为，位于显著位置的厂商会通过降低价格的方式阻止消费者继续搜寻，Fishman和Lubensky(2018)则指出，由于回溯成本的存在，即使显著位置的商品比靠后位置的商品更符合消费者需求，但在浏览显著位置的商品后仍然继续搜索的消费者，更有可能选择靠后位置的商品。但基于商品重复展示的淘宝排序机制，能够减少显著位置厂商降价的动机，减少消费者回溯成本，提高消费者选择显著位置商品的概率。

表5-2中排序位店铺数据指的是在淘宝商品搜索结果页面中列示的店铺数据。为得到搜索池店铺数据，可以在淘宝搜索页面中输入关键词，选择店铺搜索。此时，虽然淘宝仍然是展示前100页的数据，但在搜索栏的左下方可以发现，淘宝会提供搜索到的相关店铺总数，该数据一般远远超过淘宝100页内可提供的店铺数量。举例来说，输入"手机"搜索相关店铺，可以获得100页的搜索结果，共计约4 000多个店铺的数据，而页面显示的相关店铺总数近80万个，是排序位店铺数量的近200倍，如图5-1所示。可见，搜索结果仅仅呈现很小比例的店铺。因此，笔者将该数据视为搜索池中的店铺总数，在对应关键词商品搜索结果中列示的所有排序位店铺都来自该搜索池，通过选择类型

进行店铺搜索,还可以分别得到搜索池中天猫店铺和淘宝店铺的数量。① 表5-2 的搜索池数据由作者 2020 年 10 月 13 日在淘宝官网页面手动搜索摘录所得。

表 5-2 淘宝排序店铺与搜索池店铺的结构对比(单位:%)

关键词	排序位店铺 淘宝占比	排序位店铺 天猫占比	搜索池店铺 淘宝占比	搜索池店铺 天猫占比	排序位/搜索池 总数占比	排序位/搜索池 淘宝占比	排序位/搜索池 天猫占比
母婴	66.62	33.38	91.79	8.21	0.53	0.39	2.17
服装	27.72	72.28	94.97	5.03	0.02	0.01	0.3
家居用品	81.68	18.32	96.34	3.66	0.09	0.08	0.45
珠宝配饰	79.65	20.35	95.69	4.31	0.31	0.25	1.44
美容护理	80.46	19.54	95.60	4.40	1.25	1.05	5.55
运动户外	33.94	66.06	94.81	5.19	0.06	0.02	0.78
食品保健	37.64	62.36	91.91	8.09	3.66	1.50	28.20
总计	60.05	39.95	95.03	4.97	0.16	0.10	1.32

注:笔者根据淘宝"宝贝搜索"与"店铺搜索"结果计算整理,由于篇幅所限,此处并未展示店铺数量的具体数值,全表见附录。

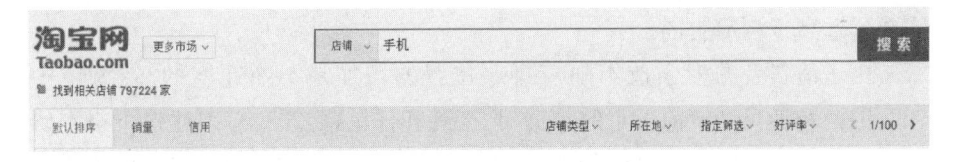

图 5-1 淘宝的店铺搜索页面

资料来源:淘宝官方网站。

---

① 需要强调的是,当关键词越精确时,淘宝提供的相关店铺的总数反而有可能更多,比如"服装"对应的搜索结果为 1 296 106 家店铺,其中淘宝店铺 1 230 854 家,天猫店铺 65 252 家;而"女装"对应的搜索结果为 1 461 107 家,其中淘宝店铺 1 418 019 家,天猫店铺 43 088 家。出现这一问题的原因可能是淘宝平台本身衡量相关性的算法存在漏洞,比如一些店铺的关键词设置中仅包括女装而与服装无关,淘宝在统计服装店铺总数时可能未将其纳入计算范围之内。因此该数据仅能作为反映天猫各行业搜索池数据的一个参考,而不能作为绝对精确的指标。

由表 5-2①易知,在淘宝搜索结果页面列示的店铺(即排序位店铺)中,"服装""运动户外""食品保健"3 个行业关键词对应的淘宝店铺比例为 26%—37%,其余 4 个行业关键词对应的淘宝店铺数量则远超天猫店铺,"家居用品"搜索结果中的淘宝店更是占据了高达 81.68%的比例。表面上看来,似乎没有证据说明淘宝平台的搜索排序机制向天猫店铺倾斜,但进一步对比搜索池店铺中的数据可以发现,在搜索池中,淘宝店铺的占比本身就远远超过了天猫店铺,基本都达到了 90%以上的占比。可见,淘宝店铺的基数本身就远大于天猫店铺。因此,排序位中淘宝店铺的比例越低,越能说明搜索排序结果中淘宝天猫店铺的相对比例脱离搜索池中的基数。此外,搜索池中的店铺,只有极小一部分比例的店铺,其商品会展示在搜索结果中,并且淘宝店铺的商品被展示概率要远远小于天猫店铺。平均来看,淘宝店铺的商品被展示的概率仅有 1/1 000,而天猫店铺的商品被展示的概率约为 1/100。排序机制作为流量分配出入口对于厂商间竞争的重要性可见一斑。

总的来说,表 5-1 与表 5-2 从总体上反映了淘宝向公众公开展示的所有搜索结果(前 100 页)中的店铺重复展示频率与结构情况。从中可以看出,淘宝平台上已经聚集了数量非常庞大的淘宝店铺与天猫店铺,然而仅有非常少的店铺能够出现在搜索结果页面中,被消费者搜索到。比如在服装行业中,仅有 0.2‰的店铺有机会被展示,食品保健行业店铺被展示的概率远远高于其他行业,也仅有百分之一的比率。同时,能够出现在排序位中的店铺,可能会有多件产品被展示在搜索结果页面中,根据搜索结果来看,基本上有超过 3/4 的位置是用于展示同一店铺的不同商品的。并且,天猫店铺被展示的概率要远远高于淘宝店铺。

由于消费者的搜索成本随着排序位置的增加是不断递增的,在淘宝中 70%的消费者只浏览前一页的数据(吴德胜和任星耀,2013),因此接下来本研究将主要考察淘宝平台不同行业关键词所对应的搜索结果中,前几页的店铺结构及其反复出现的频率。

表 5-3 与表 5-4 的数据分别描述了淘宝搜索中每页天猫店铺商品的占比与天猫店铺商品前几页的累计占比情况。与王宇(2019)的观察相符的是,在前几页中,天猫店铺的比例要显著高于淘宝店铺的比例。除珠宝配饰行业之外,其他行业关键词搜索结果的第 1 页中,天猫店铺的占比都达到 60%以

---

① 该表在计算整理过程中,剔除了数据量过小以及数据缺失的 6 个行业。

上。其中家居用品、母婴与美容护理第1页中天猫占比达到64.58%、75%与70.83%，其余行业的天猫搜索首页占比高达80%以上，食品保健行业更是高达100%。根据表5-4容易看出，随着页码不断增加，天猫在搜索结果中的累计占比不断下降，这说明相对天猫店铺商品来说，淘宝店铺的商品主要出现在排序比较靠后的位置中。

表5-3 淘宝搜索页面中天猫店铺商品的占比(7个行业关键词)

页码	关键词						
	母婴	服装	家居用品	珠宝配饰	美容护理	运动户外	食品保健
第1页	75.00%	83.33%	64.58%	43.75%	70.83%	89.58%	100.00%
第2页	81.82%	81.82%	38.64%	47.73%	38.64%	90.91%	90.91%
第3页	77.27%	88.64%	50.00%	43.18%	27.27%	100.00%	93.18%
第4页	86.36%	84.09%	50.00%	43.18%	31.82%	100.00%	90.91%
第5页	56.82%	90.91%	40.91%	25.00%	15.91%	97.73%	81.82%
第6页	38.64%	88.64%	25.00%	38.64%	22.73%	100.00%	86.36%
第7页	63.64%	81.82%	34.09%	40.91%	13.64%	100.00%	88.64%
第8页	54.55%	84.09%	59.09%	29.55%	18.18%	97.73%	90.91%
第9页	59.09%	86.36%	50.00%	31.82%	20.45%	97.73%	88.64%
第10页	54.55%	93.18%	45.45%	38.64%	20.45%	100.00%	97.73%

注：笔者根据淘宝搜索结果计算整理，由于篇幅所限，此处仅列示前10页数据，全表见附录。

表5-4 淘宝搜索页面中天猫店铺商品的累计占比(7个行业关键词)

页码	关键词						
	母婴	服装	家居用品	珠宝配饰	美容护理	运动户外	食品保健
前1页	75.00%	83.33%	64.58%	43.75%	70.83%	89.58%	100.00%
前2页	78.26%	82.61%	52.17%	45.65%	55.43%	90.22%	95.65%

续　表

页码	关键词						
	母婴	服装	家居用品	珠宝配饰	美容护理	运动户外	食品保健
前3页	77.94%	84.56%	51.47%	44.85%	46.32%	93.38%	94.85%
前4页	80.00%	84.44%	51.11%	44.44%	42.78%	95.00%	93.89%
前5页	75.45%	85.71%	49.11%	40.63%	37.50%	95.54%	91.52%
前6页	69.40%	86.19%	45.15%	40.30%	35.07%	96.27%	90.67%
前7页	68.59%	85.58%	43.59%	40.38%	32.05%	96.79%	90.38%
前8页	66.85%	85.39%	45.51%	39.04%	30.34%	96.91%	90.45%
前9页	66.00%	85.50%	46.00%	38.25%	29.25%	97.00%	90.25%
前10页	64.86%	86.26%	45.95%	38.29%	28.38%	97.30%	90.99%

注：笔者根据淘宝搜索结果计算整理，由于篇幅所限，此处仅列示前10页数据，全表见附录。

表5-5　淘宝TOP100搜索结果中同一店铺反复出现的频次(7个行业关键词)

店铺频次排名	母婴		服装		家居用品		珠宝配饰		美容护理		运动户外		食品保健	
	天猫	淘宝	天猫	淘宝	天猫	淘宝	天猫	淘宝	天猫	淘宝	天猫	淘宝	天猫	淘宝
1	10	2	4	4	4	4	4	4	12	3	5	2	4	1
2	5	1	4	4	4	4	4	3	4	2	5	1	3	1
3	4	1	4	3	4	4	4	2	3	2	4	1	3	1
4	4	1	4	1	4	4	4	2	2	2	4	1	3	1
5	4	1	4	1	4	3	3	2	2	2	4	1	3	—
6	4	1	4	1	2	3	3	2	2	2	4	1	2	—
7	4	1	4	1	2	2	3	2	2	2	4	1	2	—
8	3	1	4	1	2	2	2	2	2	1	4	1	1	—

续表

店铺频次排名	母婴		服装		家居用品		珠宝配饰		美容护理		运动户外		食品保健	
	天猫	淘宝	天猫	淘宝	天猫	淘宝	天猫	淘宝	天猫	淘宝	天猫	淘宝	天猫	淘宝
9	3	1	4	—	2	2	2	2	1	1	3	—	2	—
10	3	1	4	—	2	2	2	2	1	1	3	—	2	—
总计	44	11	40	16	30	30	31	23	31	18	40	9	26	4

注：笔者根据淘宝搜索结果计算整理，由于篇幅所限，此处仅列示排序频次最高的10家店铺数据，全表见附录。

表5-5反映的是每一个行业关键词对应的搜索结果中，前100排序位店铺出现频次的排名情况。简单来说，就是反映同一店铺有多少件不同的商品进入了淘宝搜索结果的前100位。以母婴行业为例，淘宝平台在搜索结果页面的前100件商品中展示了属于天猫超市的10件不同的商品，占到了1/10的比例，并且有超过9家的天猫店铺在前100位中展示了本店至少3件商品，而仅有1家淘宝店铺有2件商品进入了淘宝前100排序位。显然从搜索结果的前100件商品来看，同一天猫店铺出现的频次要远远高于淘宝店铺，并且这一现象在淘宝各行业关键词的搜索结果中普遍存在。该表同时反映出淘宝搜索结果前100位的商品中，至少有50件商品只属于20家淘宝与天猫店铺。由于前100件商品的消费者浏览量远远高于后续排序位置，并且在还有大量店铺未能进入排序位置的情况下，淘宝搜索结果中反复展示极少数店铺的多件商品，因此从该表中不仅可以看出淘宝平台排序机制对天猫店铺的倾斜程度，还可以看出淘宝平台对极少一部分天猫卖家的倾斜程度。这与笔者理论研究的结论相一致，淘宝平台的排序机制不仅仅是对付费卖家的倾斜，同时也是要偏袒一部分商家使其能够留存超额利润。

由于搜索结果页面中展示了商品所对应的近30天的付款人数与产品价格，这使得笔者能够分别以成交量占比和成交额来计算各行业的市场份额情况，从中可知，各行业前20家店铺的市场份额总和基本都占到了该行业市场份额总和的50%以上。其中，食品保健行业成交量最高的店铺已经占据了整个行业市场份额的50%以上。为了全面了解淘宝各行业集中度的情况，笔者分别利用上述两种市场份额的数据，计算了相应行业的行业集中度指标，结果如表5-6与表5-7所示。

表 5-6　淘宝主要行业市场集中度测算 1(7 个行业关键词)

share1	CR$_4$	市场类型	CR$_8$	市场类型	CR$_{20}$	HHI	市场类型
母婴	59	寡占Ⅲ型	76	寡占Ⅲ型	86	1 064	低寡占Ⅱ型
服装	65	寡占Ⅲ型	71	寡占Ⅳ型	82	1 840	高寡占Ⅱ型
家居用品	42	寡占Ⅳ型	57	寡占Ⅳ型	78	633	竞争Ⅰ型
珠宝配饰	21	竞争型	33	竞争型	56	231	竞争Ⅱ型
美容护理	44	寡占Ⅳ型	54	寡占Ⅳ型	69	689	竞争Ⅰ型
运动户外	78	寡占Ⅱ型	83	寡占Ⅲ型	90	1 926	高寡占Ⅱ型
食品保健	71	寡占Ⅲ型	77	寡占Ⅲ型	84	2 829	高寡占Ⅱ型

注：笔者根据成交量占比对应的市场份额数据计算整理。

表 5-7　淘宝主要行业市场集中度测算 2(7 个行业关键词)

share2	CR$_4$	市场类型	CR$_8$	市场类型	CR$_{20}$	HHI	市场类型
母婴	45	寡占Ⅳ型	60	寡占Ⅳ型	78	749	竞争Ⅰ型
服装	77	寡占Ⅱ型	82	寡占Ⅲ型	91	2 582	高寡占Ⅱ型
家居用品	70	寡占Ⅲ型	79	寡占Ⅲ型	91	2 322	高寡占Ⅱ型
珠宝配饰	46	寡占Ⅳ型	59	寡占Ⅳ型	73	677	竞争Ⅰ型
美容护理	79	寡占Ⅱ型	86	寡占Ⅱ型	91	3 664	高寡占Ⅰ型
运动户外	84	寡占Ⅱ型	91	寡占Ⅱ型	95	2 774	高寡占Ⅱ型
食品保健	73	寡占Ⅱ型	78	寡占Ⅲ型	83	3 076	高寡占Ⅰ型

注：笔者根据成交额占比对应的市场份额数据计算整理。

行业集中度是衡量整个行业市场结构的测量指标，能够反映该行业的竞争程度与垄断程度。集中率(concentration ratio, CR)和赫芬达尔指数(Herfindahl-Hirschman index, HHI)这两个指标是学术界与实务部门在判定市场结构时经常使用到的指标。集中率的指标是由该行业相关市场内前 N

家最大的企业所占的市场份额总和计算而来,同样数量的企业计算得到的该数值越高,则说明该行业的集中程度越高。表5-6与表5-7中提供了CR_4、CR_8以及CR_{20}的对应数值,对于市场类型的判断参照美国经济学家贝恩的划分标准得到。赫芬达尔指数越接近10 000,说明该行业的集中程度越高。表5-7提供了HHI指标的对应数值,对市场份额的划分是依据美国司法部(United States Department of Justice)制定的标准得到的。两种指标的计算公式分别如下:

$$CR_n = \sum_{i=1}^{n} X_i / X \tag{5-27}$$

$$HHI = \sum_{i=1}^{N} (X_i / X)^2 \tag{5-28}$$

上式中,X_i表示第i个企业的规模,X代表该行业的总规模,n代表选取的企业个数,N代表该行业的企业数量。根据表5-7对行业集中度的测算可知,除珠宝配饰行业之外,依据成交量与成交额计算的CR_4指标与CR_8指标均显示淘宝平台主要行业集中度较高,属于寡占类型的行业。依据成交量计算的HHI指标则判定母婴、服装、运动户外以及食品保健行业为寡占类型,而依据成交额计算的HHI指标判定服装、家居用品、美容护理、运动户外以及食品保健行业均为高寡占行业。

上文通过对淘宝7个行业关键词搜索结果的分析与挖掘,已经指出淘宝平台在总排序位占搜索池比例上,以及在靠前排序位置的展示数量与展示频次上,均表现出了对部分天猫店铺的倾斜。为验证行业集中度与排序非中立性之间的关系,笔者利用前2页天猫店铺排序位占比乘以100作为衡量淘宝平台排序非中立程度的指标1,该指标越接近100,说明非中立程度越高。天猫店铺排序位在搜索池中的占比除以淘宝店铺排序位在搜索池中的占比作为衡量排序机制非中立程度的指标2,该指标比1高出越多,说明非中立程度越高。与各行业的CR_{20}指标进行对比,发现二者的变动情况基本一致,如图5-2与图5-3所示。

事实上,还可以进一步分析每一个行业中市场份额排名前20的店铺的类型、排序位置以及排序频次,容易发现市场份额较高的店铺仍以天猫店铺为主,并且除极个别店铺的排序位置非常靠后之外,大部分市场份额较高的店铺排序位置都在前100个搜索结果之内,并且排序频次都较高。需要强调的是,

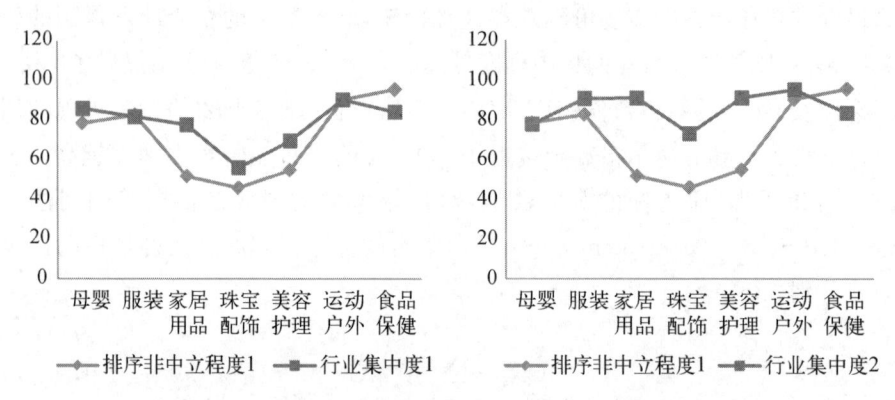

图 5-2 淘宝平台各行业排序非中立程度 1 与行业集中度

资料来源：笔者根据淘宝官方网站搜索结果计算整理。

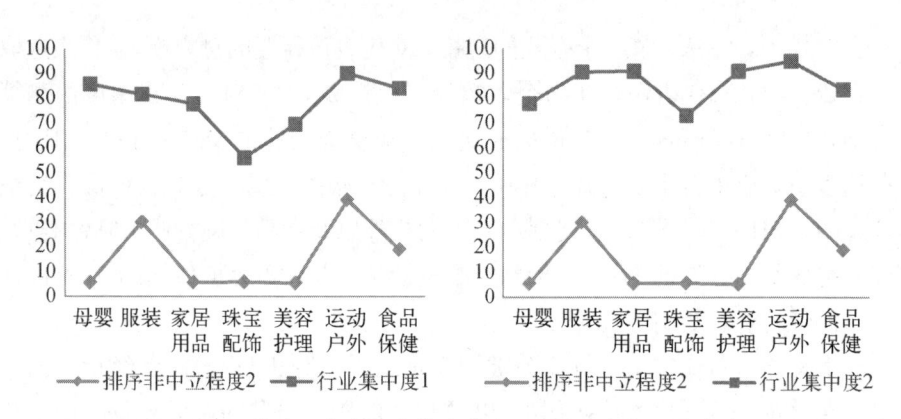

图 5-3 淘宝平台各行业排序非中立程度 2 与行业集中度

资料来源：笔者根据淘宝官方网站搜索结果计算整理。

个别市场份额较高的店铺排序位置比较靠后，考虑是由以下原因造成：其一是个别店铺违反淘宝规则导致排序降权；其二是在选择不同关键词时这些店铺的排序位置会靠前；其三是淘宝平台考虑到自身平衡发展的问题，会动态调整排序机制所倾斜的店铺，在确保店铺能够留存超额利润的同时不会放任任何一个行业形成一家独大的市场格局，否则会影响淘宝对店铺的议价能力，影响平台长期发展。

（二）京东自营与非自营排序的非中立程度测算

京东平台与淘宝平台不尽相同。淘宝平台一直是服务于第三方卖家的中介平台,对淘宝店铺免费开放而对天猫卖家收取技术服务年费与技术服务分成费,京东则是以自营店铺起步,直到2010年才开始向第三方卖家开放服务。下文将在区分自营店铺与非自营店铺的基础上对京东平台排序机制中立性进行分析,并比较非中立程度与行业集中度的变化情况。对应上文对淘宝平台排序机制中立性的分析,本研究主要爬取了京东平台7个行业的关键词,由于京东平台上服装类产品搜索结果较少,参照京东官方公布的类目划分,以"电脑办公"替代"服装"行业的搜索数据,以"车品配饰"替代"珠宝配饰"行业的搜索数据。因此在2020年9月17日—2010年10月17日,通过软件程序分别在京东官方网站输入"母婴""电脑办公""家居用品""美容护理""车品配饰""运动户外"与"食品保健"7个行业关键词进行搜索,共爬取21 000条搜索结果。京东搜索页面中列示的产品信息包括商品名称、商品图片、商品链接、商品SKU[①]、商品价格、累计评论数、商品标签[②]、店铺名称以及店铺链接等。与淘宝相同,京东的搜索结果中也会展示同一店铺的多件商品,因此对京东所有数据的搜索结果去重可以得到表5-8。

表5-8 京东主要行业的搜索结果概览

关键词	搜索结果总数	商品(去重) 总数	商品(去重) 占比	店铺(去重) 总数	店铺(去重) 占比
母婴	3 000	2 928	97.60%	582	19.40%
电脑办公	3 000	2 910	97.00%	461	15.37%
家居用品	3 000	2 960	98.67%	802	26.73%
美容护理	3 000	2 928	97.60%	675	22.50%
车品配饰	3 000	2 960	98.67%	934	31.13%
运动户外	3 000	2 960	98.67%	1219	40.63%

---

① SKU(STOKC KEEP UNIT)是库存控制的最小可用单位,是在仓库中保管商品时对商品的一种编号,与商品ID不同,它反映着商品的款式差异,比如同一种产品有多个颜色,颜色不同时商品对应的ID相同,但SKU会不同。
② 京东商品的标签一般能够反映出商品是否自营,是否有折扣,是否参与京东的促销活动,是否使用京东物流以及售后服务范围,常见的标签包括"自营""放心购""京东物流""满减""免邮""秒杀""新品"等。

续表

关键词	搜索结果总数	商品(去重) 总数	商品(去重) 占比	店铺(去重) 总数	店铺(去重) 占比
食品保健	3 000	2 961	98.70%	710	23.67%
总计	21 000	20 607	98.13%	5 383	25.63%

注：笔者根据京东搜索结果计算整理。

总体来看，京东搜索结果中去重店铺在搜索结果总数中的占比在20%左右，也就是说京东搜索结果中有3/4的位置用于展示重复店铺的产品。与表5-1对比容易看出，京东去重店铺排序位占比相对淘宝更高，这说明京东搜索结果中同一店铺反复出现的频次总体要低于淘宝。换言之，在搜索结果展示的商品数量相同时，京东平台展示的店铺数量要多于淘宝平台。

由于京东并不提供相关店铺总数的数据，因此无法测算京东的搜索池数据。但根据京东平台的开放时间以及相对淘宝平台更高的收费标准(见下一节)，可以推测京东的第三方店铺总数相对淘宝店铺总数更低。由此可以推断，在搜索池店铺总数更少的情况下，京东平台相对淘宝平台倾向于展示更多的店铺。从这个角度来看，作为拥有自营店铺平台的京东，其排序机制的非中立程度在整体上可能是低于淘宝平台的。如果确实是这样，就足以证明本章理论部分的结论，对排序机制中立性的讨论不应简单局限于平台优先展示自营商品，利润主要源于厂商的垄断平台非中立排序的问题也值得引起学术界与实务部门的高度重视。为了进一步对比京东平台与淘宝平台排序机制的非中立程度，下文计算了京东自营产品在排序位中的占比情况，如表5-9所示。

表5-9 京东主要行业排序位商品及店铺结构概览

关键词	排序位商品 总数	排序位商品 非自营	排序位商品 非自营占比	排序位商品 自营	排序位商品 自营占比	排序位店铺 总数	排序位店铺 非自营	排序位店铺 非自营占比	排序位店铺 自营	排序位店铺 自营占比
母婴	2 928	2 617	89.38%	311	10.62%	582	512	87.97%	70	12.03%
电脑办公	2 910	1 881	64.64%	1 029	35.36%	461	364	78.96%	97	21.04%

续 表

关键词	排序位商品					排序位店铺				
	总数	非自营	非自营占比	自营	自营占比	总数	非自营	非自营占比	自营	自营占比
家居用品	2 960	2 606	88.04%	354	11.96%	802	719	89.65%	83	10.35%
美容护理	2 928	2 804	95.77%	124	4.23%	675	624	92.44%	51	7.56%
车品配饰	2 960	2 861	96.66%	99	3.34%	934	924	98.93%	10	1.07%
运动户外	2 960	2 752	92.97%	208	7.03%	1 219	1 145	93.93%	73	5.99%
食品保健	2 961	2 766	93.41%	195	6.59%	710	655	92.25%	55	7.75%
总计	20 607	18 287	88.74%	2 320	11.26%	5 383	4 943	91.83%	439	8.16%

注：笔者根据京东搜索结果计算整理，排序位商品与排序位店铺的解释见上文对表5-2的说明。

表5-9反映了京东平台搜索结果页面中京东自营商品与京东自营店铺的占比。总体来看，除电脑办公之外，在其他行业的搜索结果中，非自营店铺商品与非自营店铺的占比基本都在90%左右，仅有不到10%的排序位用于展示自营店铺的商品。尤其是美容护理与车品配饰，这两个行业关键词对应的搜索结果中，非自营占比都超过了95%。与表5-2进行对比易知，京东排序位商品与排序位店铺中自营的占比都远远低非自营，并且相较淘宝平台中天猫占比更低。但由于缺乏搜索池的具体数据，很难得出京东排序机制对自营店铺的偏袒程度低于淘宝排序机制对天猫店铺的偏袒程度的结论。因为上述排序结果可能是京东平台自营店铺总数在所有店铺总数中的占比远小于淘宝平台导致的。

总的来说，表5-8与表5-9从总体上反映了京东向公众公开展示的所有搜索结果（前100页）中的店铺重复展示频率与结构情况。由于缺乏搜索池数据，从中很难看出京东平台排序机制存在向自营店铺倾斜的问题。因此接下来将主要考察京东平台不同行业关键词所对应的搜索结果中，前几页的店铺结构及其反复出现的频率。

进一步分析靠前排序位中自营店铺商品的占比情况，根据表5-10与表5-11可以发现，京东平台搜索结果首页中的自营店铺商品占比最高仅为

76.67%,最低为0,均远远低于淘宝平台搜索结果首页中的天猫店铺商品占比。同时,随着页数不断增加,京东平台自营店铺累计占比的递减速度要远远高于淘宝平台的天猫店铺。

表5-10 京东搜索页面中自营店铺商品的占比(7个行业关键词)

页码	关键词						
	母婴	电脑办公	家居用品	美容护理	车品配饰	运动户外	食品保健
第1页	73.33%	62.07%	23.33%	76.67%	23.33%	16.67%	40.00%
第2页	36.67%	70.00%	33.33%	50.00%	0.00%	13.33%	33.33%
第3页	40.00%	44.83%	20.00%	50.00%	10.00%	10.00%	43.33%
第4页	46.67%	70.00%	20.00%	30.00%	3.33%	0.00%	30.00%
第5页	56.67%	36.67%	10.00%	40.00%	0.00%	13.33%	23.33%
第6页	56.67%	53.33%	20.00%	30.00%	3.33%	16.67%	23.33%
第7页	76.67%	60.00%	33.33%	30.00%	13.33%	10.00%	30.00%
第8页	50.00%	30.00%	46.67%	13.33%	0.00%	13.33%	40.00%
第9页	33.33%	50.00%	0.00%	26.67%	0.00%	6.67%	30.00%
第10页	43.33%	46.67%	10.00%	3.33%	3.33%	23.33%	16.67%

注:笔者根据京东搜索结果计算整理,由于篇幅所限,此处仅列示前10页数据,全表见附录。

表5-11 京东搜索页面中自营店铺商品的累计占比(7个行业关键词)

页码	关键词						
	母婴	电脑办公	家居用品	美容护理	车品配饰	运动户外	食品保健
前1页	73.33%	62.07%	23.33%	76.67%	23.33%	16.67%	40.00%
前2页	55.00%	66.10%	28.33%	63.33%	11.67%	15.00%	36.67%
前3页	50.00%	59.09%	25.56%	58.89%	11.11%	13.33%	38.89%

续 表

页码	关键词						
	母婴	电脑办公	家居用品	美容护理	车品配饰	运动户外	食品保健
前4页	49.17%	61.86%	24.17%	51.67%	9.17%	10.00%	36.67%
前5页	50.67%	56.76%	21.33%	49.33%	7.33%	10.67%	34.00%
前6页	51.67%	56.18%	21.11%	46.11%	6.67%	11.67%	32.22%
前7页	55.24%	56.73%	22.86%	43.81%	7.62%	11.43%	31.90%
前8页	54.58%	53.36%	25.83%	40.00%	6.67%	11.67%	32.92%
前9页	52.22%	52.99%	22.96%	38.52%	5.93%	11.11%	32.59%
前10页	51.33%	52.35%	21.67%	35.00%	5.67%	12.33%	31.00%

注：笔者根据京东搜索结果计算整理，由于篇幅所限，此处仅列示前10页数据，全表见附录。

表5-12 京东TOP100搜索结果中同一店铺反复出现的频次（7个行业关键词）

店铺频次排名	母婴		电脑办公		家居用品		美容护理		车品配饰		运动户外		食品保健	
	自营	非自营	自营	非自营	自营	非自营	自营	非自营	自营	非自营	自营	非自营	自营	非自营
1	14	4	15	5	3	14	11	5	7	10	3	5	8	5
2	7	3	10	5	3	11	6	4	3	10	2	4	8	3
3	5	3	5	4	2	3	5	3	—	6	1	4	6	3
4	3	2	5	4	2	3	3	3	—	6	1	3	3	3
5	3	2	3	3	2	3	3	2	—	3	1	3	2	2
6	2	2	3	2	2	3	2	1	—	3	1	3	1	2
7	2	2	2	2	1	3	2	1	—	3	1	3	1	2
8	2	2	2	1	1	3	2	1	—	2	1	2	1	2
9	1	1	2	1	1	3	2	1	—	2	1	2	1	2

续表

店铺频次排名	母婴 自营	母婴 非自营	电脑办公 自营	电脑办公 非自营	家居用品 自营	家居用品 非自营	美容护理 自营	美容护理 非自营	车品配饰 自营	车品配饰 非自营	运动户外 自营	运动户外 非自营	食品保健 自营	食品保健 非自营
10	1	1	2	2	2	2	2	1	—	2	2	2	1	2
总计	40	22	49	28	18	48	38	22	10	47	12	31	32	26

注：笔者根据淘宝搜索结果计算整理，由于篇幅所限，此处仅列示排序频次最高的10家店铺数据，全表见附录。

从店铺在排序位出现的频次来看，母婴行业、电脑办公、美容护理和食品保健这4个行业关键词对应的搜索结果中，自营店铺出现在前100排序位中的频次显著高于非自营，但是在其余3个行业关键词对应的搜索结果中，非自营店铺在前100排序位中出现的频次显著高于自营店铺。这与淘宝平台各行业天猫店铺排序频次普遍高于淘宝店铺不同。

与淘宝不同的是，京东搜索页面中并不展示产品的历史成交量数据，仅披露累计评论信息，为计算京东店铺的市场份额，将该数据近似地看作店铺的累计销量，结合京东搜索页面展示的价格的数据，可以分别得到以成交量占比计算的市场份额与以成交额占比计算的市场份额。同时，笔者分别利用两种不同的市场份额值，计算了京东平台7个行业的CR_4、CR_8、HHI指标，来反映相应的行业集中度情况。并且在此基础上，分别利用美国经济学家贝恩的划分标准与美国司法部制定的划分标准对行业结构进行了判定，具体结果见表5-13和表5-14。

表5-13 京东主要行业市场集中度测算1(7个行业关键词)

share1	CR_4	市场类型	CR_8	市场类型	CR_{20}	HHI	市场类型
母婴	85	寡占Ⅰ型	89	寡占Ⅱ型	94	3 238	高寡占Ⅰ型
电脑办公	36	寡占Ⅳ型	48	寡占Ⅳ型	68	452	竞争Ⅱ型
家居用品	15	竞争型	26	竞争型	47	153	竞争Ⅱ型
美容护理	66	寡占Ⅲ型	76	寡占Ⅲ型	87	1 571	高寡占Ⅱ型

续　表

share1	CR_4	市场类型	CR_8	市场类型	CR_{20}	HHI	市场类型
车品配饰	32	寡占Ⅴ型	44	寡占Ⅴ型	63	387	竞争Ⅱ型
运动户外	28	竞争型	37	竞争型	49	285	竞争Ⅱ型
食品保健	71	寡占Ⅲ型	81	寡占Ⅲ型	90	1 596	高寡占Ⅱ型

注：笔者根据成交量占比对应的市场份额数据计算整理。

表 5-14　京东主要行业市场集中度测算 2(7 个行业关键词)

share2	CR_4	市场类型	CR_8	市场类型	CR_{20}	HHI	市场类型
母婴	91	寡占Ⅰ型	93	寡占Ⅱ型	96	3 944	高寡占Ⅰ型
电脑办公	31	寡占Ⅴ型	44	寡占Ⅴ型	66	357	竞争Ⅱ型
家居用品	23	竞争型	33	竞争型	50	226	竞争Ⅱ型
美容护理	48	寡占Ⅳ型	61	寡占Ⅳ型	78	861	竞争Ⅱ型
车品配饰	28	竞争型	39	竞争型	57	290	竞争Ⅱ型
运动户外	32	寡占Ⅴ型	41	寡占Ⅴ型	55	370	竞争Ⅱ型
食品保健	73	寡占Ⅲ型	82	寡占Ⅲ型	90	1 680	高寡占Ⅱ型

注：笔者根据成交额占比对应的市场份额数据计算整理。

根据表 5-13 与表 5-14 可以看出，无论是成交量占比还是成交额占比计算的市场份额，按照 CR_4 与 CR_8 计算的行业集中度进行判定，家居用品与车品配饰行业都属于竞争型，其他行业属于寡占结构。但根据 HHI 指标进行判定，仅母婴和食品保健行业属于高寡占结构，其他行业都属于竞争型。对照淘宝的市场类型判定，根据成交额占比计算的 HHI 指标，最终将母婴和车品配饰都列为竞争行业，而其他行业都属于高寡占行业，这在一定程度上能够反映出京东与淘宝在电子商务领域形成了错位竞争的基本格局。

与淘宝平台类似，利用 CR_{20} 衡量的行业集中度表现出与排序非中立程度基本一致的变动趋势，表明平台非中立排序确实会影响厂商之间的竞争秩序，如图5-4所示。上文通过对京东7个行业关键词搜索结果的分析，未能发现京东平台在排序机制上对自营店铺具有显著且普遍的偏向问题。从靠前排序位的店铺数量与店铺频次来看，京东自营店铺只在母婴、电脑办公、美容护理和食品保健行业占据相对优势，而在其他行业关键词的搜索结果中，京东自营店铺虽然也有产品参与排序，但非自营店铺都远远超过了京东自营店铺。显然，这与淘宝平台在各行业普遍表现出对部分天猫店铺的倾斜不同。由此本研究得出结论：京东排序机制的非中立程度低于淘宝，并且表现出较大的行业差异性。

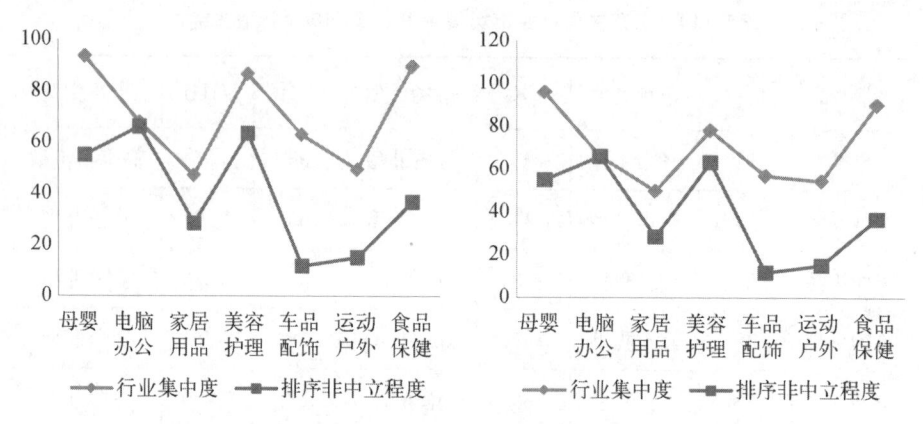

图5-4 京东平台各行业排序非中立程度1与行业集中度

资料来源：笔者根据京东官方网站搜索结果计算整理。

四、电子商务平台限制卖方竞争的其他措施

本研究的理论分析表明，当卖方规模增加会使卖方竞争加剧时，向卖方收费显著高于买方收费的垄断平台会弱化卖方间竞争。这就解释了以下事实，即向买卖双方都免费提供平台使用权的淘宝并没有限制卖方规模，而向卖方收费向买方免费的天猫与京东平台却先后公布了"店铺续签规则"，明确指出，拒绝与销售额低于指定标准的店铺续签平台服务协议。事实上，天猫与京东拒签店铺的官方理由是能够"更好地提升商家整体的服务品质和经营能力，不断提高消费者购物体验"。淘汰服务较差、销售额较低的店铺，确实能够有效激励商家提高服务和经营能力，改善消费者购物体验，这也确实是限制卖方规模的一个重要原因。但是，对于平台企业而言，选拔留存下来的店铺之间，其

竞争会不断加强。尤其是在互联网流量红利几近耗尽[①]的当下，有限的市场容量使得垄断平台店铺间的强竞争必然损耗店铺的平均利润，这也就损耗了平台企业的利润。因此，平台企业有动机采取措施为店铺也为自己保持利润，比如促进店铺差异化经营、提高店铺准入壁垒、减少同类店铺数量。从这个层面上来看，末位淘汰是为了选拔优质店铺，而在这个基础上，平台企业还会进一步提高准入壁垒，以保证优质店铺所能获得的利润。所以，天猫与京东平台所设置的续签考核标准是这两种策略组合权衡的结果，具有双重的策略内涵。

（一）天猫平台的卖方规模限制

天猫，又称天猫商城，主要向签约用户提供网络经营场所、交易撮合、信息发布等技术服务支持。天猫商城的前身是淘宝商城，成立于2008年4月，2010年11月启用独立域名，2012年1月11日正式更名为天猫。根据"2019年天猫商户服务协议"可知，天猫向商户提供与互联网信息服务相关的软件服务、二级域名服务、积分系统软件服务等服务内容，而商户需向天猫提供有效的经营资质证明，并缴存保证金以备赔付由商户对天猫可能造成的损失。除此之外，与淘宝平台向商户免费提供基础技术服务不同，天猫商户需要向天猫平台支付两项服务费用。一是与互联网信息服务相关的软件服务费用，即商户获得搜索商品、生成订单、管理交易和完成支付等软件系统服务所需支付的费用，主要包括按年收取的年费与按一定费率实时划扣的软件服务费两部分。二是与积分系统相关的软件服务费用，指商户使用积分系统软件向消费者发放各类型积分所需支付的费用，该费用主要以软件向消费者发放的各类型积分数量或额度为计费基数，按一定费率支付。此外，该协议还特别指出，天猫为商户提供的信息展示服务与域名服务暂时不收取费用。

需要指出，在天猫向商户提供的服务中，积分系统是协助天猫平台与商户向积分更高的会员提供更多优惠与奖励，提高用户转移成本，从而培养用户忠诚度与用户黏性的服务。事实上，从天猫公布的商家入驻标准可知，在天猫平台从事经营活动的店铺类型只有三类：一是自有品牌或由商标权人提供独占授权的品牌的旗舰店；二是由商标权人提供普通授权品牌的专卖店；三是在天猫经营大类下经营两个及以上品牌的专营店。显然，天猫平台只向品牌商户

---

① Quest Mobile发布的《2019年流量增长盘点》报告显示，截至2019年11月，中国移动互联网流量池基本饱和，用户规模同比增速首次跌破1%。

开放,而品牌商户一般在各自行业领域都有独特的产品定位,因此品牌商户在差异化竞争中容易保有不同于淘宝平台普通商户间同质化竞争结果的垄断利润与市场势力。在此基础上推出的积分系统,不但能够提高用户转移平台的成本,同时也能够提高用户转移品牌的成本,从而有助于维护各品牌商户的市场势力。通过理论分析,本研究已经证明平台有弱化商户间竞争的动机,而天猫平台推出的积分系统正是能够弱化商户间竞争的策略之一。

现在主要讨论与互联网信息服务相关的软件服务的收费问题。天猫商城在2008年4月以淘宝商城的名称成立时,就已经开始向商户收取费用。从2008—2011年,天猫对商户收取的费用为:商户需一次性交纳的6 000元技术服务年费,以及平台实时划扣的0.5%—5%各类目不同的销售额扣点。2011年10月,淘宝商城宣布将原本每年6 000元的技术服务年费提高到3万元和6万元两个档次,同时将店铺经营类目划分进一步细化,但销售额扣点总体仍然为0.5%—5%,变动不大。此后,天猫商城每年公布一次"天猫20××年度各类目年费软件服务费一览表"。通过对比2012—2020年的数据可以发现,除了个别类目偶有变动之外,天猫对商户收取的技术服务年费与销售扣点基本固定不变。此外,为激励商户,天猫对销售额达到一定标准的商户[①]会返还技术服务年费,销售额要求一般分成18万元、36万元、60万元和120万元四个档次,返还比率分成50%与100%两个档次。具体的返还标准是以商户经营类目为基础划分的。通过对比历年数据可以发现,天猫商城对商户的年费返还也没有大的变动。

表5‑15 2008—2010年天猫技术服务费标准

		2008—2011年	2012—2020年
技术服务年费	收费	6 000元	3万元和6万元
	返还	无	返还率:50%和100% 返还要求:18万、36万、60万和120万元
技术服务费率		0.5%—5%	0.5%—5%

注:笔者根据2008—2020年天猫官方公布的资费标准整理。

---

① 天猫的年费返还对店铺评分与违规行为也有一定的限制。

然而，与收费相对稳定不同，天猫平台商户的入驻门槛从2012年起不断提高。天猫公布的招商标准指出："天猫有权根据包括但不仅限于品牌需求、公司经营状况、服务水平等其他因素退回客户申请；同时天猫有权在申请入驻及后续经营阶段要求客户提供其他资质；天猫将结合各行业发展动态、国家相关规定及消费者购买需求，不定期更新招商标准。"2012年，天猫增加了对新入驻商家的年销售额要求，根据"天猫2013年度新入驻商家年销售额考核要求一览表"可知，当年新入驻天猫平台的商家，根据类目不同需要达到18万元或36万元的保底销售额，否则天猫将不再为其提供技术服务支持。2013年，天猫提高了食品、化妆品等品类和天猫电器城的入驻门槛；2014年，天猫入驻门槛继续提高，进一步提高对入驻商户注册资本、经营时间以及商标注册时间的要求。举例来说，2012年，天猫要求美妆类新入驻的商户在2013年销售额不低于36万元；2013年天猫要求化妆品类商户的实收资本不能低于500万元人民币；到2014年美妆类商家所在公司还必须经营满两年或三年，才可申请入驻。

2015年起，天猫平台进一步从入驻门槛和续签标准两方面限制商户与天猫平台的签约。2015年6月24日，天猫宣布招商新政，一方面，对于准备入驻天猫平台的新商户而言，天猫要求商户在品牌影响力及企业资质两方面达到官方标准，并将在此基础上根据类目特点及市场需求，择优选择入驻企业；另一方面，对于已经入驻天猫平台的老商户而言，天猫将增设对商户的经营考核。入驻门槛易于理解，因此我们具体分析续签标准。天猫商城与商户的协议期限一般为一年，天猫商城会在每年10月份以后公布下一年的"商家续签公告"以及"天猫20××年度商家续签资质标准一览表"，要求符合规定经营资质的商户在指定时间内上交申请材料与资质证明材料。当年年底，天猫商城会公布审核结果，与审核通过的店铺签署"Tmall.com（天猫）服务协议"或"淘宝商城服务协议"，并冻结商户保证金，收取技术服务年费。在上述流程都结束之后，天猫商城才会在次年为商户提供正常的技术服务支持。然而从2016年开始，天猫只向达到新考核标准的商户开放续签申请通道。根据"天猫2016年度商家续签"公告可知，天猫将对商家的续签考核分成了两部分，即续签资质审核与运营能力考核。商户续签资质的审核仍然是对商户营业执照、商标授权、行业经营许可等经营资质方面的审查，重点考察资质的有效性及品牌授权链路；新增加的是运营能力考核，重点关注商家运营能力、商品及服务品质。根据"天猫2016年度各类目续签考核标准一览表"可知，天猫的考核内容分成两类，一类是对店铺评分的最低要求；另一类是对店铺销售额的最低要求。天猫的店铺评分包括描述相符、服务态度、物流服务三项数据,取值为最近180天内买家给该项评分的总和除以最近180天内买家给该项评分的次数。对店铺评分的考核要求主要是为了提高商户的产品质量与服务要求。店铺销售额是指在协议有效期内,商家所有交易状态为"交易成功"的订单金额总和(虚假的交易订单等违规订单除外)。该金额中不含运费,亦不包含因维权、售后等原因导致的失败交易金额及一级类目名称为"其他"项下的交易金额。上述两类考核要求,如果有其中一样达不到,天猫就会拒绝与商户续签下一年度的协议。该商户在当年12月31日24时之后,也就无法再获得天猫的技术服务支持。

由表5-16可以看出,除了少部分类目之外,天猫对店铺的销售额要求越来越高,一些类目从不考核逐渐变为考核,一些类目的销售额要求则越来越高,比如服饰配件类的销售额要求从2016年的4万元提高到了2020年的15万元。再比如家装主材类目的销售额要求在2016年是4万元,而到2020年最高已有60万元,同样地,手机类的销售额要求从2016年的6万元一直提高到2020年的200万元。考虑到天猫对店铺收取技术服务费用时包括销售额扣点,天猫对店铺的最低销售额要求在实质上既是减少天猫平台现有签入店铺,也是提高天猫平台的最低收费。因此,将同类目年费收费要求与销售额最低要求合并计算,就可以得到天猫对各类目店铺实质上的最低收费标准。以服饰配件、家装主材及手机为例,通过查阅对应年份收费标准可知,这3类店铺的收费从2016—2020年固定不变,年费均为3万元,销售额扣点手机为2%,其余均为5%。计算天猫对这3类店铺实质上的最低收费标准,即得到图5-5。容易看出,天猫对上述3类店铺的最低收费标准也在相应提高。

表5-16 2016—2020年天猫商户续签考核的最低销售额要求(单位:万元)

天猫经营大类		2016年	2017年	2018年	2019年	2020年
一级类目	二级类目					
服饰	服饰配件/皮带/帽子/围巾	4	6	6	15	15
	女装/女士精品	—	24—60	12—30	15—30	15—30
	男装	—	24—60	24—60	30—60	30—60
	女/男内衣/家居服	—	24—30	24—30	20—40	20—40

续 表

天猫经营大类		2016年	2017年	2018年	2019年	2020年
一级类目	二级类目					
家装家具家纺	家装主材	4	4	4	20	20—60
	商业/办公家具	4	4	30	36	36
	住宅家具	4	4	30	36	36
	全屋定制	2	2	2	24—36	24—36
	家居饰品	12	12	33.25	50	50
	床上用品	12	15	22.75	50	50
	居家布艺	12	10	33.5	50	50
	特色手工艺	—	—	—	50	50
	鲜花/花卉仿真/绿植	—	6	6	50	50
服务大类	餐饮美食卡券	—	—	—	—	10
	电影/演出/体育赛事	—	—	—	15	15
	生活娱乐充值	—	—	—	360—10 000	360—5 000
食品类	零食/坚果/特产	5	5*	13	15	15
	粮油米面/干货/调味	5	5*	10	10	10
	水产肉类/蛋类/果蔬	5	5*	10.5*	15	15
3C数码	手机	6	36	100	200	200
	其他二级类目	6	6	18	30	30

注：笔者根据天猫2016—2019年官方公布的店铺续签考核标准整理。本表仅提供了销售额要求变动较大的部分类目数据。其中2016年公布销售额要求是7、8、9月份的累计销售额，为增加与其他各年的可比性，本研究将该数据的4倍作为2016年的年度销售额要求。*指旗舰店不参与考核。

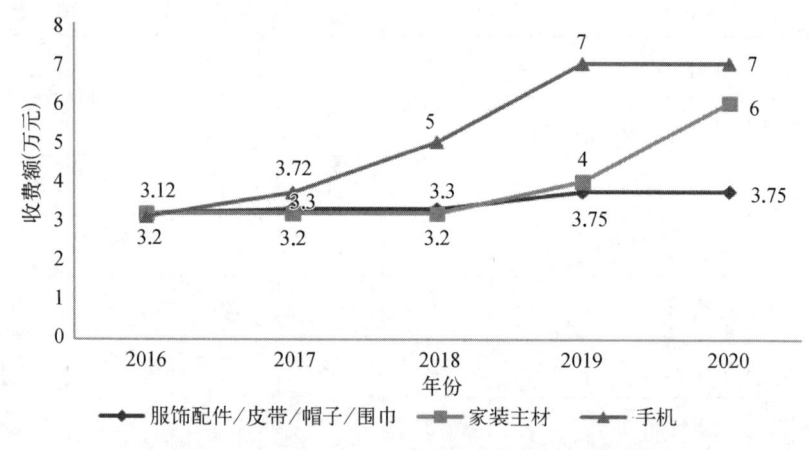

图 5-5 天猫对不同类目店铺的年最低收费标准

注：笔者根据 2016—2020 年天猫官方公布的收费标准与店铺续签考核标准计算整理。

(二) 京东平台的卖方规模限制

京东公司于 1998 年 6 月 18 日成立，2004 年 1 月 1 日正式开通京东多媒体网开始线上销售，2007 年 6 月更名京东商城。2010 年 10 月，京东开放平台（POP）上线，标志着京东纯自营时代的结束，开始允许第三方商户入驻平台。根据 2019 年 "'京东 JD.COM'开放平台在线服务协议"，京东向商户提供京东平台上相应的网络空间、技术支持和系统维护，以及各项附属功能、增值服务等，以使商家作为销售者有能力独立开设店铺、上传并维护商品信息、与意向客户洽商交易以及开展与交易有关的各项业务；同时，符合京东资质要求的商户需要向京东提交有关证明文件，并缴纳保证金，以备赔付商户可能造成的京东损失。此外，商户还须向京东支付技术服务费与其他增值费用等。下文将主要分析商户因使用该平台必须缴付的基础费用，即技术服务费。

京东的技术服务费分为两部分，其一是固定的技术服务费，又称平台使用费，是商户按服务期限在获取京东技术服务支持之前一次性缴纳的费用，类似于天猫平台收取的"年费"；其二是按比例计收的服务费，是京东在商户每达成一笔交易时，实时扣收，类似于天猫平台收取的"销售额扣点"。根据京东平台发布的招商信息可知，2010 年与 2011 年京东向店铺收取的平台使用费为每年 6 000 元，而销售额扣点按类目划分为 5%—30% 不等。当时，京东的平台使用费与天猫的年费相同，但京东的销售额扣点远高于天猫 0.5%—5% 的收费水平。

其实,京东较高的额扣点与京东提供的商户服务有关。与天猫不同,以自营业务起步的京东拥有自建的线下服务体系,包括仓储物流与配送等,而京东也将这些服务体系分层次地向第三方商户开放。事实上,自京东允许第三方商户入驻以来,已经推行过多种商户服务模式(见表5-17),比如FBP(fulfilled by POP)模式,指京东为商家提供线上的销售、仓储和配送服务;LPB(logistic by POP)模式,指京东为商家提供线上的销售服务及配送服务;SOP(sale on POP)模式,指京东为商家提供线上销售服务;N360(not on 360)模式,指前端不在京东,从交易开始导入京东系统和仓储配送服务;NTP(no transaction on POP)模式,指商户不使用京东销售平台与交易系统展示商品及处理订单,仅使用京东提供的仓储、配送系统及货到付款业务。2012年5月,京东商城开放服务JOS上线(jos.360buy),通过对商户开放京东信息系统,京东能够为商户提供的服务内容进一步丰富,包括在销售、流量、营销等方面的数据支持。

表5-17 京东商户服务模式

商户服务模式	京东店铺	京东交易系统	京东仓储	京东配送	买家自提	京东货到付款	第三方货到付款
FBP	有	有	有	有	有	有	无
LBP	有	有	无	有	有	有	无
SOP	有	有	无	无	无	无	无
N360	无	有	有	有	无	无	无
NTP	无	无	有	有	有	有	无

注:摘自2011年京东商城招商手册。

继续分析京东的收费情况。虽然京东能够提供较多层次的服务支持,但碍于激烈的市场竞争,2012年10月,京东公开宣布降低对店铺的销售额扣点。考虑到2011年10月天猫将商户的使用费提高到3万元和6万元,京东与天猫的收费差距进一步缩小。然而,通过对比京东在2013—2020年公布的资费标准可以看出,京东的平台使用费总体呈升高态势。2015年以前,京东所有类目的平台使用费均为6 000元/年;到2015年,京东仅图书、音乐、影视、教育音像、本地生活等类目的平台使用费为 6 000 元/年，其余类目的平台使用费由原来的 6 000 元/年提高到 12 000 元/年；再到 2020 年，京东只有数字内容和商旅服务两类商户的平台使用费为 6 000 元/年，其余类目的平台使用费均为 12 000 元/年，但例外有二，一是保健行业中与美容相关的类别的平台使用费为 19 800 元/年，二是整车销售的平台使用费高达 150 万元/年。此外，虽然京东的销售额扣点率变化较天猫更为频繁，但 FBP 模式与 SOP 模式的扣点率总体保持在 0.5%—10%之间，仅有个别类目收取的扣点较低或较高，比如 2015 年房地产服务扣点为 15%，2016 年安装服务扣点 0.01%，苹果周边扣点 12%，墨粉、家电服务与房产服务 15%，上门服务 20%。京东技术服务费历年变化见表 5-18。

表 5-18 2010—2020 年京东技术服务费标准

	2010—2011 年	2012—2014 年	2015—2020 年
平台使用费	6 000 元/年	6 000 元/年	12 000 元/年
技术服务费率	5%—30%	0.5%—10%	0.5%—10%

注：笔者根据 2010—2020 年京东官方公布的资费标准整理。

京东同样出台了商户店铺续签的考核标准。需要指出，京东店铺服务期即京东与商户签署协议的时间，是指从首个服务期自缴费权限开通之日起至最近一年的 3 月 31 日止，此后每次延展期限均为一年。根据京东规则，商户在服务期内要通过"京东开放平台商家店铺考核标准"，商户须在每年 3 月 1 日 18 时之前完成续签申请的提交，京东将在每年 3 月 31 日 24 时终止部分店铺服务并清退出京东开放平台。具体来说，店铺涉及以下问题之一，将会被清退出京东开放平台：未能达到店铺考核标准，未能按期提交续签申请，未能及时提供有效资质证明，未能及时补缴保证金，以及其他违反平台协议、规则或法律规范达到平台清退标准的行为等。部分违规清退的店铺将被纳入平台的"续签 & 入驻黑名单"，不再提供为其开放入驻、续签通道。根据京东历年公布的考核标准可以发现，从 2019 年开始，在店铺评分、客服应答率、交易纠纷率、工商投诉量等为保证消费者体验的指标要求之外，京东将店铺的销售额也纳入了考核范围。

因为京东对店铺的销售额考核较晚，所以很难讨论总体趋势上的变动，但通过对比"2019 年京东开放平台商家店铺续签考核标准"与"2020 年京东开放平台商家店铺续签考核标准",仍然可以发现,2020年较2019年对更多类目提出了最低销售额的考核标准。2019年仅有28个二级类目参与销售额考核,但到2020年有160个类目具有销售额考核要求。即使是同属于二级类目的乐器,在2020年也被拆分为更详细的类目,对应提出了不同的销售额要求。具体来说,2019年要求乐器类目的店铺月均销售额不低于3 000元,但到2020年,乐器被进一步细分为乐器配件、民族乐器、西洋乐器、键盘乐器以及教学乐器等,月均销售额要求也变为1 000元和3 000元不等。情况类似的还有手机通信类目与电脑整机类目等。

进一步地,京东的销售额考核要求减少了可以续签的现有商户数量,同时也是对商户技术服务费用的提高。通过计算容易得到2019年续签考核条件下的京东最低收费标准,如表5-19所示。虽然京东的SOP模式和天猫对商户提供的服务类似,但由于京东和天猫的分类标准很不一样,因此很难将销售额考核换算成最低收费标准进行横向比较。不过容易发现,主营电子产品的京东最先提出了数码电脑类目的最低销售额要求,但至今并未对服饰类产品店铺的销售额提出硬性要求;而天猫则在首次提出续签考核要求时,就已经对服饰类产品有非常细致的销售额规定,不但区分了男性服饰与女性服饰,还对冬装与非冬装也进行了区分。此外,天猫续签考核中3C数码类产品的最低销售额从2016年的6万元逐步上升到了2020年的30万元,对应的最低费用从2016年3.12万元也逐步上升到了2020年的3.6万元;而京东对数码电脑类产品的销售额要求在2019与2020年最高达到1 200万元,对应的收费底线最高达到了97.2万元[①]。显然,市场规模越大,则产品的细分程度越高,管理细分的成本也相应越低,但竞争的激烈程度也会越大。与理论分析相一致,卖方间竞争越激烈的品类,销售额的限制越严苛。

表5-19 2019年京东商户续签考核销售额要求及对应技术服务费标准(单位:元)

主营二级类目	店铺月均最低销售额	每月平台使用费	SOP模式扣点	最低月收费	最低年收费
尿裤湿巾	3 000	1 000	2%	1 060	12 720

---

① 当然,如果考虑到第三方店铺与京东自营店铺的竞争问题,就更容易理解京东电子产品销售额收费之高。

续　表

主营二级类目	店铺月均最低销售额	每月平台使用费	SOP模式扣点	最低月收费	最低年收费
妈妈专区	3 000	1 000	3%—5%	1 090—1 150	13 080—13 800
婴童寝具	3 000	1 000	3%—5%	1 090—1 150	13 080—13 800
洗护用品	1 000	1 000	2%	1 020	12 240
喂养用品	1 000	1 000	2%	1 020	12 240
乐器	3 000	1 000	3%	1 090	13 080
奶粉	5 000	1 000	3%	1 150	13 800
营养辅食	2 000	1 000	3%	1 060	12 720
童车童床	2 000	1 000	5%	1 100	13 200
安全座椅	2 000	1 000	3%	1 060	12 720
洗发护发	2 000	1 000	6%	1 120	13 440
美发假发/造型	3 000	1 000	6%	1 180	14 160
身体护理	2 000	1 000	6%	1 120	13 440
女性护理	3 000	1 000	6%	1 180	14 160
口腔护理	3 000	1 000	6%	1 180	14 160
摄影摄像	10 000	1 000	2%—8%	1 200—1 800	14 400—21 600
电脑整机	50 000—1 000 000	1 000	3.5%—8%	2 750—81 000	33 000—972 000
电脑配件—组装	1 000 000	1 000	3%—10%	31 000—101 000	372 000—1 212 000
电脑配件—其他	1 000	1 000	4%—6%	1 040—1 060	12 480—12 720
网络产品	10 000	1 000	3%—8%	1 300—1 800	15 600—21 600
影音娱乐	10 000	1 000	3%—8%	1 300—1 800	15 600—21 600

续　表

主营二级类目	店铺月均最低销售额	每月平台使用费	SOP模式扣点	最低月收费	最低年收费
数码配件	1 000	1 000	4%—8%	1 040—1 080	12 480—12 960
智能设备	10 000	1 000	2%—8%	1 200—1 800	14 400—21 600
电子教育	2 000	1 000	4%—8%	1 080—1 160	12 960—13 920
办公设备	1 000	1 000	2%—8%	1 020—1 080	12 240—12 960
文具/耗材	1 000	1 000	1%—8%	1 010—1 080	12 120—12 960
手机通信	100 000	1 000	2%—8%	3 000—9 000	36 000—108 000
运营商	5 000	1 000	2%—4%	1 100—1 200	13 200—14 400

注：笔者根据京东2019年官方公布的考核标准与资费标准计算整理。

综上所述，作为占据70%以上市场份额的B2C平台，天猫与京东都推出了限制卖方签入平台的最低销售额标准。结合平台所有者对卖方收取销售额扣点的事实可知，对卖方的最低销售额限制等价于设定了对卖方的最低收费标准。这实质上与传统微观经济学中垄断厂商的"提价限产"是同样的道理，由于卖方的激烈竞争会使得主要从卖方收取分成费用的平台利润受损，平台就有动机提高向卖方收取的最低费用，限制卖方规模。

此外，必须要强调的是，虽然在当前阶段，电子商务平台的利润主要是来自对用户收取的注册费、销售额扣点以及广告费用等，但在接下来的发展中，电子商务平台所积累的用户数据可能会发挥越来越重要的作用。已经有学者明确指出，数据服务在实体世界中是价值链上利润最高的领域（李海舰等，2014），大数据的积累与开发利用最终有可能会超过上述服务费用，成为电子商务平台，甚至是互联网平台主要的利润来源。到那时，平台企业的决策逻辑就需要更进一步的研究。

小结

一般认为，只有像亚马逊这样拥有自营店铺与自营产品的平台，具有偏袒部分厂商的动机，从而扰乱平台上厂商间的正常竞争秩序。但通过上文的理论研究可以发现,平台企业即使仅仅是纯粹地承担着交易中介职责的第三方(如天猫),当其利润来源主要依靠于相互之间存在着竞争的厂商时,激烈的竞争就会损耗厂商自身所能拥有的超额利润,从而也就减少了平台能够从厂商处获得的利润,因此这类平台企业仍然具有弱化厂商间竞争的动机。当然,如果考虑到其他平台企业的竞争,这样的弱化可能会是"适度"的,而非极端激烈的。

排序机制因为能够显著地影响消费者的选择与厂商的销量,成为平台企业控制厂商间竞争的有力工具之一。通过向部分厂商提供较高的排序优先度与排序曝光率(即在排序位中反复出现的频率),平台企业能够使这些厂商稳定占据较高的市场份额,从而避免过度竞争使厂商利润下降为零。利用淘宝平台与京东平台 8 个行业关键词的搜索结果,对两个平台排序非中立程度进行测算发现,淘宝平台排序机制的非中立程度高于京东平台,淘宝平台在搜索结果中对部分天猫产品的倾斜普遍存在于各个行业,而京东平台对自营产品的倾斜表现出明显的行业差异性。总的来说,京东平台主要经营品牌商品,与淘宝平台相比,对第三方商户开放较晚,商户总规模相对较小,并且京东平台的消费者对京东自营商品具有较高的忠诚度,因此可以推断京东平台内部的商户竞争不如淘宝平台激烈,其竞争对京东平台的利润影响较低,所以京东平台排序机制的非中立程度低于淘宝。

事实上,向厂商收费显著高于向消费者收费的垄断平台还可以通过以下措施来限制厂商间竞争。首先,平台企业通过邀请签约与续签考核制度,能够合理有效地控制本平台厂商的规模与结构。一方面,平台企业会尽可能地争取多样化的厂商,从而有效地利用正向的网络外部性,吸引更多的消费者参与到平台交易中来,并尽力缓解厂商间的竞争压力,谋求利润最大化;另一方面,平台企业可以通过适当地提高准入门槛,来弱化竞争对厂商利润空间的挤压。其次,平台企业积极打造和推广多样化的品牌厂商,并通过积分制度巩固品牌优势,能够有效地培养用户忠诚度,强化品牌效应下厂商的寡头势力,夯实厂商的超额利润,从而提高平台企业自身的利润与竞争力。

第六章　电子商务平台排序机制对社会福利的影响

排序机制能够降低消费者搜索成本,提高消费者与厂商的匹配概率,从而提升稀缺资源的配置效率,改善社会福利。但当平台具有较强的市场势力时,能够影响消费者选择与厂商份额的排序机制,就可能沦为平台谋取自身利润最大化的工具。重要的是垄断平台的利润是否会与社会福利相背离,以及排序机制如何影响厂商价格与质量的选择。本章将从产品价格和产品质量两个维度来探讨垄断平台基于逐利动机构建的排序机制会给社会福利带来什么样的影响。

一、网络外部性与社会福利

事实上,要厘清垄断平台排序机制对社会福利的影响,必须回归到网络外部性对平台利润变化的影响上进行探讨。网络外部性最早由 Rolfs(1974)提出,主要来自"用户从通信服务中获得的收益会随着系统中用户数量的增加而增加"这一现象。后来经过学者们的应用与发展,这一概念已经涵盖了较通信服务领域更为广泛的用途与意义,成为研究网络经济问题非常重要的基础性工具。其中,与网络平台市场最为紧密相关的概念主要包括"直接网络外部性""间接网络外部性"(Katz and Shapiro, 1985)与"交叉网络外部性"(Caillaud and Jullien, 2003; Rochet and Tirole, 2003; Armstrong, 2006)。

具体来说,直接网络外部性指的是消费者数量变化对产品质量产生的直接性的物理效应(Katz and Shapiro, 1985),例如消费者参与电话网络所能获取到的效用是直接取决于加入该电话网络的其他消费者数量的。正向的直接网络外部性指的是,消费者人数越多,则消费者就觉得该物品的价值越高。但不能据此认为具有该特征的物品都是共用品,以为只有消费者能够同时使用的物品才能带来这种效果。事实上,私用品消费者人数众多,使得消费该物品的信息成本降低也能够提升消费者的净效用。间接网络外部性则指由于同类物品消费者数量增加,通过对互补品供给的影响,间接影响消费者效用的情况。比如同一类硬件的消费者越多,适配于该硬件的软件供给数量与种类就越多,消费者使用该硬件可能获得的效用就越高(Katz and Shapiro,1985)。直接网络外部性与间接网络外部性主要被用来分析"锁定"问题,即随着消费者数量的增加,消费者愿意向厂商支付更高的费用,这可能导致首先进入市场但技术较差的产品在占据了足够的市场份额后形成垄断,最终出现"产业被锁定在一种较差的技术中"的问题。交叉网络外部性则主要是针对于双边平台所提出的概念,指的是一组用户使用平台的收益取决于加入平台的另一组用户的数量。交叉网络外部性主要被用来分析平台的定价决策,正是因为交叉网络外部性的存在,平台会对需求弹性有差异的双边用户进行非对称定价,即向需求弹性较低一边的用户收取高价格而向需求弹性较高一边的用户收取低价格,甚至是提供补贴(Armstrong,2006)。上述网络外部性都能够产生正反馈效应,从而使得平台的规模越大,收益越高。

  回归到外部性的概念,最初主要是用来说明个人成本收益与社会成本收益不一致而导致个人的边际决策与社会效率不符的问题。容易看出,无论是直接网络外部性、间接网络外部性,还是交叉网络外部性,之所以被划归为外部性,实质都是因为消费者在购买物品时,能够影响同样物品购买者的净效用,但却并不将这种影响计入自身的成本收益之中。以通信服务举例来说,如果一个人不喜欢与人交流,从自身的成本收益看,成本大于收益所以决定不安装电话。但从社会的成本收益来看,因为这个人安装电话可使其他人联系这人变得更加容易和便利,所以这个人安装电话的收益,还要加上其他已经安装电话的人因这个人的加入而获得的收益的总和。当总和超过了这个人安装电话的成本,这个人的决策是不安装电话,社会的决策是应该安装电话。正是因为安装电话存在正向的外部性,安装电话的人少于社会最优水平,效率不足,社会福利受损,这是外部性概念提出的根本原因。庇古的解决方案是,政府负责安装电话,使安装电话的数量达到社会最优水平。科斯则指出,问题的关键不在于政府,而在于产权。不需要政府,只要产权界定明晰,不计交易费用,市场就能够将外部性问题内部化解决,社会效率仍然最优。在安装电话的例子里,如果安装电话的权利界定给了个人,那么因这个人安装电话而受益的人会愿意向这个人补贴,使这个人安装电话;如果安装电话的权利界定给了其他人,受益的人会要求这个人安装电话,这个人如果不想安装电话可以向受益的人提供补贴,但由于补贴总和会高于这个人的安装电话的成本,这个人会选择安装电话。可见,在产权界定明确且不计交易费用时,不论产权归属何方,市场结果相同,社会总福利不变,只是福利分配会存在差异。事实上,我们也确实能看到通信服务的运营商为新用户提供的各种优惠福利。至此,是否内在于市场价格机制成为甄别外部性问题存在与否的关键条件,若某种所谓外部性能通过市场交易内部化解决时,这种外部性实质上是一个伪概念,因为它不会导致私人成本与社会成本的分离,因此也不会导致社会总福利受损。网络外部性也不例外。

近年来,学者们对网络外部性问题的认识不断地丰富和深化,一方面提出了许多新的概念与分类,如竞争自网络外部性和示范自网络外部性(曹俊浩等,2010)、双边网络外部性(郭水文和肖文静,2011)、边内网络外部性和边间网络外部性(王双亚和刘刚,2013)、组内网络外部性和组间网络外部性(陈富良和郭兰平,2014)、集群标准网络外部性(李庆满 等,2018)等;另一方面也开始反思传统的网络外部性是否真正独立于市场价格机制之外而存在。事实上,已经有许多学者对间接网络外部性与直接网络外部性的概念提出了质疑。一部分学者指出,基于"硬件-软件"范式的间接网络外部性,已经通过市场机制反映在价格变化之中,并不会导致社会福利受损(曲振涛 等,2010;周文娟,2014)。如果将这种情况都考虑为外部性,"由于分工是现代经济的基本特征,那么这种外部性就涉及现代经济体的每个部分,现代经济赖以运作的市场规律从根本上就需要质疑"(闻中和陈剑,2000)。与间接网络外部性概念的质疑被学者们广泛接受最终导致一概念的使用越来越少不同,直接网络外部性概念的争议较大。一些学者认为直接网络外部性并没有通过市场交易内部化解决,但另有一些学者认为未必如此。由于市场结构、产品特点、消费行为存在差异,直接网络外部性是可能内在于市场机制当中的,比如"在电子商务平台中,直接网络效应的溢出是用户通过接受平台服务得到的,同一边用户之间通过接受平台服务才能了解用户的数量与规模,因此对于电子商务平台来讲,直接网络外部性不是外在于市场机制","通过收取会员费,这种外部性溢出",与间接网络外部性一样,"已经内含于双边市场价格体系当中"(曲振涛 等,2010)。然而到目前为止,鲜少有文章对交叉网络外部性内部化的问题进行深入的探讨。

其实,要弄清楚网络外部性的内部化问题,实质上是要弄清楚个人与社会的成本收益是否出现了背离。想要得到这一结论,就必须要对网络外部性导致的用户效用变动,以及平台产权所有者的效用①也就是平台利润变动有全面的认识。显然,如果平台利润与用户效用在用户规模扩张的动态过程中会不断上升,则意味着平台为提高利润会想方设法提高用户效用,吸引用户加入,平台的行为符合社会效率。因此,一个非常重要的问题是,在用户规模不断增加的过程中,网络外部性必然会导致用户效用的提升吗?答案是否定的,网络外部性并非是一成不变的,甚至有可能是负的。已经有学者指出,当超过某临界点时,用户规模的扩大也可能会降低网络用户的效用(Liebowitz,1994;张云秋和唐方成,2014)。网络外部性导致用户效用下降的原因有很多,虽然目前大量学者将研究的重点放在了正向的网络外部性上,但仍有少量研究涉及负向的网络外部性问题,比如电视媒体平台中,对广告的厌恶会使观众在广告商增加对应广告量增加时效用下降,拥挤和竞争会导致用户会在同类用户数量增加时效用下降(陈富良和郭兰平,2014;Belleflamme Toulemmonde,2009;Belleflamme and Peitz,2019)。当然,也要考虑因虚假信息(刘重阳和曲创,2018;曲创和刘重阳,2019)和产品、服务质量下滑(王宇 等,2019)等因素导致的用户效用下降。值得注意的是,对双边平台而言,因竞争导致的一边用户效用下降,却可以同时带来另一边用户效用的增加,"全平台网络的市场竞争将促使价格逼近平均利润水平"(余文涛,2019),这会使参与网络平台的消费者效用得到提升。由此可见,分析双边平台网络外部性的内部化问题,不能简单地将一边用户的直接网络外部性与双边用户之间的交叉网络外部性问题割裂开来,要考虑二者之间可能是相互作用的关系。紧随而来的问题是,当部分用户的效用会随着用户总量的增加而减少时,平台利润是否仍然会与所有用户的总效用变化相一致?这取决于平台的定价。已有事实与已有研究均表明,拥有买方与卖方两组用户的双边平台,为实现利润最大化,会对平台双边用户非对称定价——对需求弹性较低一侧的用户收取高价格,而对需求弹性较高一侧的用户收取低价格,甚至提供补贴(Armstrong,2006)。正是这种非对称定价使许多学者认为,垄断平台的定价脱离了边际成本的约束,不但不会提价限产,反而会向部分用户提供补贴。再加上"网络外部性和边际收益递增的特性",最终使得"现代垄断不同于传统垄断,既能够推动技术进步,又有

---

① 对平台产权的相关讨论,见胡晓鹏. 马云现象的经济学分析:互联网经济的八个关键命题[D]. 上海:上海社会科学院出版社,2016.

利于避免福利损失"(冯丽和李海舰,2003)。所以"简单套用传统的单边产业规制理论,可能会导致错误的结论与规制政策"(曲振涛 等,2010)。但同时应当予以关注的是,也正是这种非对称的定价,会影响平台利润与所有用户总效用的一致性。本研究将双边平台针对两边用户分别制订的收费标准组合称为平台的收费结构,可以简单分成三类:对双边用户均免费、对一边用户收费而对一边用户免费,以及对双边用户都收费。易知,如果平台只向一边的用户收费,而这一边用户的效用与所有用户的总效用相背离,则平台利润就有可能与所有用户的总效用相背离。

二、基于产品价格的分析

(一) 理论分析

按照科斯定律,在不考虑交易费用的情况下,如果产权界定完全,买卖双方之间所有的外部性问题都会在市场交易之下内部化为个人的成本收益,不会存在社会福利受损的问题。以买卖双方通过平台进行交易为例,若使用平台的卖方数量增加带来的多样性增加会使平台买方的收益增加,买方会愿意以不高于所得的代价联合邀请卖方加入,此时卖方在考虑是否加入平台时,就可以将自身加入给买方带来的益处内部化为自身收益,卖方的选择会与社会福利最大化时一致。反之,买方加入会使交易量扩张,从而增加卖方与买方交易的利润,知道这一点的卖方会愿意付出不高于所得的代价邀请买方加入,此时,买方在考虑是否加入平台时,就可以将自身加入给卖方带来的益处内部化为自身收益,买方的选择也会与社会福利最大化一致。显然,即使考虑到平台向双方收费的情况,买卖双方的选择结果不会背离社会效率。买卖双方的规模会因此不断增加,不会存在用户规模背离社会最优水平的问题。

然而考虑到卖方间的竞争问题,上述情况就会发生有趣的转折。假设交易双方只能使用平台进行交易,并且买卖双方间的网络外部性并非是一成不变的。初始时卖方数量增加伴随着多样性的增加,从而导致买方平均效用增加,买方数量增加。又由于买方平均效用增加导致买方购买意愿增加,卖方的平均利润会增加,于是买卖双方的规模会持续扩张。但当卖方数量达到一定规模之后,卖方数量增加带来的多样性变化会微不足道,而大量重复、同质的交易加剧了卖方竞争,此时产品价格会下降,卖方的平均利润会下降,同时导致买方的平均效用上升,买方的数量会增加,从而增加卖方的交易量,因此卖方的总利润反而可能上升。但无论如何,只要卖方的平均利润为正,卖方的数量就有可能增加,从而在正反馈效应的作用下使买卖双方规模持续扩张,直到卖方的平均利润下降为0。

图6-1反映了卖方平均利润与卖方边际利润随着卖方数量增加而变化的情况。由于双边市场牵涉两边用户,因此该图的纵轴比较特殊,为市场总利润同时除以卖方数量与买方数量,实质是反映了平均意义上,平台内每一个卖方能从每一个买方处赚取的利润,下文将其简称为卖方平均利润(此处暂不考虑平台的收费问题)。左图主要反映了随着卖方数量增加,卖方平均利润的变化情况。如上文所述,在卖方数量增加带来多样性增加的阶段中,卖方平均利润会随着卖方数量的增加而上升,但在竞争加剧替代多样性增加的拐点之后,卖方平均利润会由升转降,这意味着拐点(记为点 B)所对应的卖方平均利润为卖方平均利润所能达到的最大值(记为点 A)。右图进一步反映了卖方数量增加过程中卖方边际利润的变化情况,具体来说,卖方边际利润会先于平均利润穿过拐点 A 下降,到达点 D 时下降为0。但此时,平均利润仍大于0,其他卖方见参进平台进行交易仍然有利可图会选择加入,直到到达零利润点 E 时才会停止参进,卖方在该点达到完全竞争,边际利润为负。

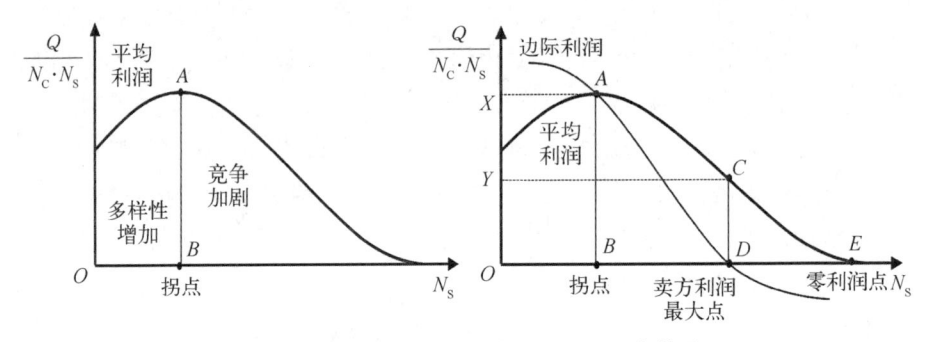

Q:市场总利润;N_S:卖方数量;N_C:买方数量

图6-1 网络外部性的变化

资料来源:笔者绘制。

需要指出的是,图6-1同时还反映了卖方利润(此处指的是卖方平均利润与卖方数量的乘积,其含义是平台中每一个买方能给所有卖方带来的利润)的变化情况。具体来说,在图6-1中,可以通过两种方法观察到卖方利润的数值:一种是通过平均利润曲线观察,该曲线上的点对应横纵坐标作垂线所构成的矩形面积即为卖方利润;另一种是通过边际利润曲线观察,该曲线以下,横坐标轴以上,并且对应卖方数量以左,纵坐标轴以右所形成的图形面积即为卖方利润。举例来看,当卖方数量从点 B 增加至点 D 时,卖方利润的变化可由矩形 ODCY 的面积减去矩形 OBAX 的面积得到;或者也可直接由不规则图形 ABD 的面积来反映。显然,在 D 点之后,卖方数量的增加将会使卖方利润的变化由增转降,因此 D 点为卖方利润的最大点,对应的卖方利润为矩形 ODCY 的面积。上文已经提及,卖方见平均利润为正,有利可图仍会参进。但对于早已加入平台的卖方来说,新卖方参与竞争会减少自身利润,因此其存在阻止其他竞争者进入的动机。但由于平台上的卖方数量太多,合谋的交易费用太高,所以卖方难以依靠自身的力量来限制其他竞争者加入。可见,平台的规模决策决定着卖方利润,如果平台不限制卖方加入,平台卖方的数量最终会到达卖方利润为零的 E 点。

进一步考虑社会福利的变化。在拐点之前,卖方数量增加会带来多样性增加,买方平均效用与卖方平均利润都会随着卖方数量增加而增加,社会福利持续上升。在拐点之后,竞争导致产品价格下降,这会在引起卖方平均利润下降的同时,使买方平均效用上升(如图 6-2 阴影部分所示,该图阴影部分主要反映了卖方平均效用的变化情况,以 A 点对应纵坐标为零基准,向下为上升,到达 E 点时买方平均效用最大),因此总的社会福利仍然会随着卖方数量的增加而持续上升,直到卖方完全竞争的 E 点,社会福利达到最大。可见,E 点既是卖方零利润点,也是社会福利最大点。如果平台将卖方用户数量限制在卖方利润最大的 D 点,相较于社会福利最大的 E 点,会造成福利损失,因为本

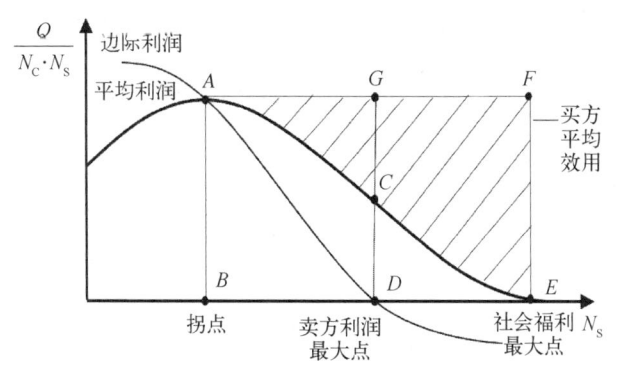

Q:市场总利润;N_S:卖方数量;N_C:买方数量

图 6-2　社会福利的变化

资料来源:笔者绘制。

可以达成的交易未能达成。

图 6-2 中矩形 $DEFG$ 的面积可以在一定程度上反映社会福利损失的大小,但如果想精确获知社会总福利变化的大小,还需要考虑买方平均效用值(图 6-2 中阴影部分以 A 点对应纵坐标为零基准,但并不意味着 A 点处买方平均效用值为零)及对应的买方数量。易知,买方参与平台交易的平均效用越高,买方数量越多,平台限制卖方用户数量造成的福利损失就越大。事实上,卖方数量最终会达到多少,是取决于平台收费结构的。如果平台使用权对卖方免费开放,卖方能够自由进出,卖方规模会达到 E 点;但如果平台使用权对卖方收费开放,随着卖方平均利润的下降,平台向卖方收取平台使用费的定价空间也会收窄,这会影响到平台所有者自身的利润。结合本书第六章的理论分析,可以对不同收费结构下的社会福利进行比较。

其中,双边免费时的社会福利为

$$W^T = n_c N_s^T (\alpha_c^O + \alpha_s^O) \qquad (6-1)$$

总体来说,当买卖双方免费使用平台时,由于卖方平均利润始终高于 0,卖方数量不断增加,同时买方平均效用不断增加,买方数量也会不断增加。在卖方竞争性不断加强的过程中,社会福利会随着买卖双方数量的增加而持续增加。

双边收费时的社会福利由买方、卖方以及平台三方的利润加总而得:

$$W^* = (\alpha_c^O + \alpha_s^O) n_c n_s^* \qquad (6-2)$$

比较平台限制卖方竞争不限制卖方竞争时的社会福利:

$$W^* - W^T = (\alpha_c^O + \alpha_s^O)(n_s^* - N_s^T) n_c < 0$$

易得:

$$W^T - W^* = \frac{1}{2}(\alpha_c^O + \alpha_s^O)\left[\frac{\gamma_s \alpha_s^O - \gamma_c \alpha_c^O - 2\gamma_c \alpha_s^O}{\beta(\gamma_s - \gamma_c)} + N_s^O\right] n_c > 0$$

$$\frac{\partial (W^T - W^*)}{\partial n_c} > 0; \quad \frac{\partial (W^T - W^*)}{\partial N_s^O} > 0$$

上式的含义是,使用平台的买方数量越多,拐点处平台的卖方数量越多,平台限制卖方竞争所导致的福利损失越大。

单边收费下的社会福利由买方、卖方以及平台三方的效用与利润加总而得：

$$W^* = (\alpha_c^O + \alpha_s^O)n_c n_s^* \quad (6-3)$$

比较平台限制卖方竞争与不限制卖方竞争时的社会福利：

$$W^* - W^T = (\alpha_c^O + \alpha_s^O)(n_s^* - N_s^T)n_c < 0$$

易得：

$$W^T - W^* = \frac{1}{2}(\alpha_c^O + \alpha_s^O)\left(\frac{\alpha_s^O}{\beta} + N_s^O\right)n_c > 0$$

$$\frac{\partial(W^T - W^*)}{\partial n_c} > 0$$

$$\frac{\partial(W^T - W^*)}{\partial N_s^O} > 0$$

$$\frac{\partial(W^T - W^*)}{\partial \beta} < 0$$

上式的含义是，使用平台的买方数量越多，拐点处平台的卖方数量越多平台限制卖方竞争所导致的福利损失越大。

通过上文对不同收费结构下的卖方规模与社会福利比较可知，如果平台对买卖双方的收费差异足够大，卖方间的竞争就有可能使得平台利润下降，平台就有激励限制卖方竞争，最终导致社会福利受损。进一步考虑买方之间因交流与信息反馈所具有的正外部性问题。不考虑交易费用，该类网络外部性问题的内部化方式可以主要归纳为三类：其一，由于平台买方数量增加所带来的好处是所有现有买方所共享的，买方可以联合起来邀请新的买方加入；其二，买方如果愿意因此向卖方支付更高的费用，卖方的利润会因此增加，卖方可以联合起来邀请新的买方加入；其三，买卖双方都愿意因新的买方加入而向平台支付更高的平台使用费，平台可以付出不高于所得的代价邀请新的买方加入。这样，买方间的正外部性问题就被内部化的市场交易解决了，买方的数量会达到使社会福利最大化的最优水平。可见，买方之间的正外部性并不改变上述结论。并且由于买方数量增加必然会带来卖方和平台总利润的持续增加，因此卖方和平台都有动力持续邀请新的买方加入平台。显然，买方间基于交流共享形成的正外部性能够促进社会福利水平的提高，这也就是说，买方间的共享程度越高，社会福利越高。

必须要指出的是，竞争约束不同，网络外部性条件下的决策边际会不同。虽然从上文已知，平台所有者有限制卖方竞争的动机，但如果有大量平台参与竞争，平台所有者是很难将卖方竞争限制在理想状态的。因为不断加入竞争的平台会将平台的卖方用户分流，消耗掉平台的利润，使得平台必须不断降低使用费以扩大卖方规模，最终会使得平台的卖方规模总和与社会福利最优时的水平一致。由此可知，平台的垄断才是导致社会福利受损的根源。如果对买卖双方收费显著不对称的平台要参与激烈的竞争，采用非中立的排序机制限制厂商竞争的动机就会被削弱，因为这会造成用户流失，此时收费结构不会影响卖方规模与社会福利。但需要指出的是，买卖双方的正反馈效应恰恰使得先发展起来的平台能够"赢者通吃"。

通过上一章对买卖双方的正反馈效应分析易知：

$$\frac{\partial u_c}{\partial n_c} > 0$$

$$\frac{\partial u_c}{\partial n_s} > 0$$

这说明，虽然卖方平均利润由于卖方间的竞争存在着从递增向递减变化的拐点，但在买卖双方因正反馈效应持续增加的整个阶段，包括卖方多样性增加阶段与卖方竞争加剧阶段，买方的平均效用和总效用都是在持续增加的。即使考虑到买方间的正外部性递减问题，买方的总效用也总是在持续增加的。

平台规模越大，买方效用越高，这就导致了"赢者通吃"。先进入市场并发展起来的平台会因为正反馈效应的作用使买方效用不断增长，后进入市场的平台由于规模远小于前者，买方使用平台获得的效用也远低于前者，因此很难在买方竞争中取胜。再加上双边平台仅拥有单边用户是难以为继的，所以后进入市场的平台在双边用户的竞争中都很难取胜。其实，许多网络平台的构建都是在线下交易较为普遍的条件下开始的。以电子商务平台为例，虽然平台在卖方用户的竞争中较线下拥有极大的成本优势，但线下交易的安全、便利以及固有习惯，都使得线上平台在获得买方用户方面面临着十分激烈的竞争。因此在现实中，线下的竞争往往导致了买方较卖方更大的需求弹性，使得电子商务平台往往以免费，甚至是提供补贴的方式（Armstrong，2006）向买方开放平台使用权。这就使得后入者更加难以超越本来就在买方效用上具有极大优势的先入平台。综上所述，考虑到现实的竞争约束可知，激烈的线下竞争与双边市场特性往往使得互联网平台向消费者免费,而向厂商收费;正反馈效应又使得买方效用持续增加,致使先发展起来的平台具有垄断优势。垄断平台加上对买卖双方的收费差异,就构成了平台限制卖方竞争的约束条件。

上文的结论是,平台对双边用户收费显著不对称时,平台会限制卖方竞争,这会对社会福利造成不利的影响。根据科斯定律,只要产权清晰界定,不考虑交易费用,网络外部性问题就可以通过市场机制内部化解决,也就不会导致社会福利受损。怎么这里出现了例外?这与平台具有双边用户的特性有关。

事实上,只要一人的行为对其他人有影响,就会出现所谓的外部性的问题。外部性其实无所不在,竞争也在其中。多一个人加入竞争,会使所有竞争者的平均利润下降,但入局者只管计算自身的成本收益,见有利可图就参进,最终致使竞争者的平均利润下跌为零,入局者才会停止参进。这种出现于竞争者间的负外部性问题,同样可以因产权明确界定而得到内部化解决。其实,专门有一个著名的经济学案例对这问题作了阐释,即"公海捕鱼"。该案例说的是公海产权归属未定时,捕鱼者见有利可图纷纷加入,结果过度捕捞,租值消散。但若将公海界定为私产,私产所有者见捕鱼者数量增加带来的竞争使利润下降,就会限制捕鱼者进入,从而使捕鱼者数量符合社会效率。前文所提及的有趣的转折在于,捕鱼者之间的竞争会损害社会福利,但平台的卖方竞争却不会。原因是卖方竞争导致的价格下降,对应着卖方平均利润下降与买方平均效用的上升,一增一减,社会福利不变。在这种情况下,平台的收费结构就至关重要。如果平台向双边用户免费开放,任何卖方都能够自由选择是否使用平台,卖方的竞争会致使卖方的平均利润下降为零,但买方的平均效用会因此上升,社会福利最大;而如果平台所有者对卖方收费显著高于买方,平台就无法将网络外部性导致的成本收益变化全部内于自身,导致平台所有者具有限制卖方间竞争的激励,最终会对社会福利造成不利的影响。

(二)实证检验

总的来说,理论部分的研究表明,平台利用排序机制限制卖方竞争会损害社会福利。显然,厂商竞相降价会损耗平台利润,所以符合平台利润最大化的排序策略是将价格相近的产品分散排列而将价格不同的产品集中排列,一是能够满足异质消费者的多样化需求;二是能够在消费者搜索范围之内,弱化消费者的比价能力,减少消费者对价格的敏感度,从而使部分排序位置靠前的厂商无须降价就能够获得较高的市场份额。但 Armstrong(2009)认为,位于靠前排序位的厂商有动机通过降价阻止消费者继续搜寻,吸引消费者购买。如果确实是这样,那么平台就很难利用排序机制使产品价格维持在高位,从而损害社会福利。根据笔者对电子商务平台搜索排序结果的分析可知,该理论分析忽视了一个事实,即同一厂商被列入搜索结果的产品可能会有多件而非一件,所以厂商无须对列入搜索结果的所有产品都降低价格。而且更重要的是,除广告产品之外,厂商无法提前获知自己的排序位置,而平台的排序位置又是每天变动的,所以在现实中厂商很难及时根据排序位置的变动情况调整价格。此外,厂商了解平台不会优先展示价格较低的产品,因此厂商也不具有为了获得更高的排序位置而降低价格的激励。

鉴于此,笔者认为,不仅仅是平台没有动机将价格较低的产品靠前显示,厂商在排序位靠前时也没有足够的动力去降低价格,排序位置与市场价格并不相关。下文将利用王宇等(2019)在《中国工业经济》官方网站公开的淘宝"遮阳伞"搜索数据与笔者从淘宝官网爬取的"海信电视"搜索数据①验证该结论。

1. 数据说明与描述性分析

"遮阳伞"数据的原始来源是通过软件程序在淘宝官方网站对的搜索结果进行抓取得到的,共1 848个有效样本。② 由于其公开的数据中不包含成交量,因此本研究以累计评论数量占比与粉丝数占比反映市场份额的数据。变量定义与说明见表6-1,主要变量的描述性统计见表6-2,相关性分析见附录。

表6-1 淘宝"遮阳伞"搜索数据变量定义与说明

符 号	名 称	说 明
y	产品质量	虚拟变量,遮阳伞有黑胶涂层,且打开方式为全自动则记为1,否则记为0
$rank$	排序位置	综合排序第一位记为1,第二位记为2,依次类推
$type$	卖家类型	虚拟变量,天猫卖家或金牌卖家记为1,否则记为0
$sidebar$	侧边栏展示	虚拟变量,商品同时被展示在侧边栏中记为1,否则记为0

① 对"海信电视"搜索数据的说明、描述性统计以及相关性分析见本书第五章。
② 详细说明见王宇等(2019)。

续 表

符 号	名 称	说 明
$desrate$	描述评分	衡量所售商品与描述相符程度,取值为1—5
$serrate$	服务评分	衡量卖家服务的满意程度,取值为1—5
$delrate$	物流评分	衡量物流服务的满意程度,取值为1—5
$price$	价格	该产品在搜索结果中列示的价格
$popularity$	收藏人数	该产品累计被收藏次数
$comments$	累计评价	该产品累计评论数
$share1$	市场份额1	该产品累计评论数在所有排序产品累计评论数之和中的占比
$share2$	市场份额2	该产品累计收藏数在所有排序产品累计收藏数之和中的占比

资料来源:笔者根据王宇(2019)及其在《中国工业经济》官方网站 http://ciejournal.ajcass.org/中披露的数据整理。

表6-2 淘宝"遮阳伞"主要变量的描述性统计

变 量	均 值	标准差	最小值	最大值	中位数	观测值
质量	0.1515	0.3586	0	1	0	1848
排序位置	924.5000	533.6160	1	1848	925	1848
市场份额1	0.0541	0.4417	0	15.5724	0.0024	1848
市场份额2	0.0235	0.1918	0	6.7629	0.0010	1848
价格	41.9944	31.6649	5	436	34	1848
卖家类型	0.5173	0.4998	0	1	1	1848
物流类型	0.0135	0.1156	0	1	0	1848
描述评分	4.7454	0.1149	4	5	4.8	1848
服务评分	4.7757	0.1028	3.5	5	4.8	1848

续表

变量	均值	标准差	最小值	最大值	中位数	观测值
物流评分	4.778 3	0.094 8	4	5	4.8	1 848
关注人数	2 731.531 0	9 971.064 0	0	160 804	243	1 848
累计评价	1 186.266 0	9 682.582 0	0	341 382	53	1 848

资料来源：笔者根据王宇(2019)及其在《中国工业经济》官方网站 http://ciejournal.ajcass.org/中披露的数据整理。

首先利用两组样本的数据绘制散点图，通过观察未能发现排序位置与价格之间存在明显的相关关系(见图 6-3 与图 6-4)。并且，考虑到平台排序的非中立性问题，将天猫卖家与淘宝卖家的数据分开，分别绘制散点图(见附

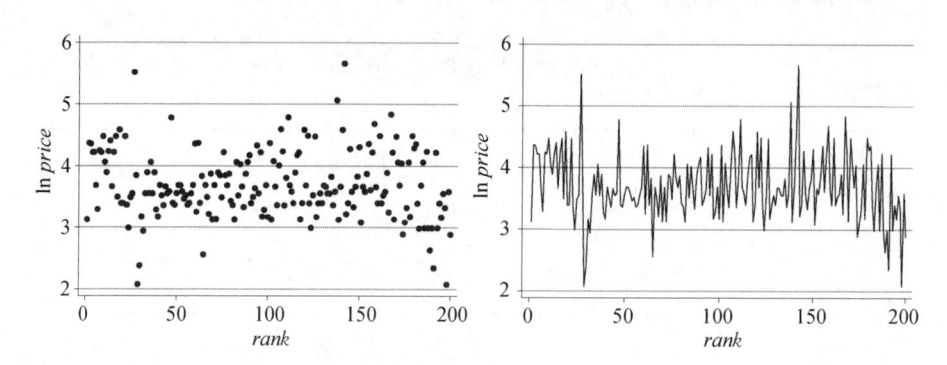

图 6-3　淘宝"遮阳伞"样本中 TOP200 产品排序位置与价格的散点图

资料来源：笔者利用 stata15.11 软件绘制。

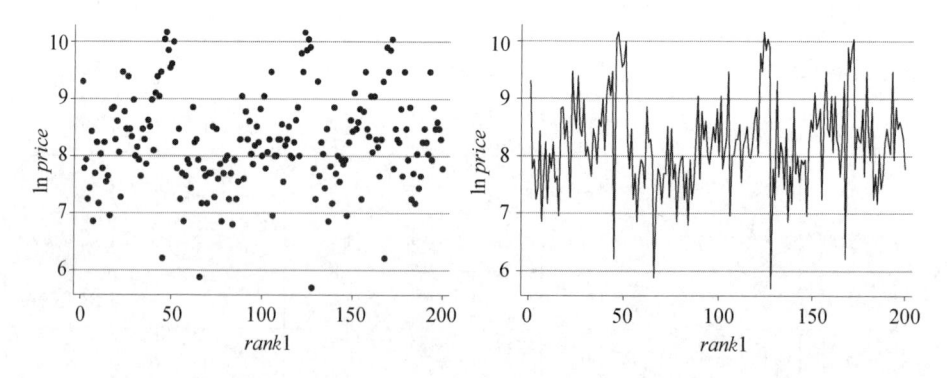

图 6-4　淘宝"海信电视"样本中 TOP200 产品排序位置与价格的散点图

资料来源：笔者利用 stata15.11 软件绘制。

录),仍然未能发现排序位置与价格之间存在显著的相关关系。

2. 实证模型与实证结果分析

为进一步验证排序位置是否确实与价格无关,以及确定影响产品价格的主要因素,本研究构建的实证模型如下:

$$p = \alpha + \beta_1 rank + \beta_2 type + \beta_3 sidebar + \beta_4 desrate + \beta_5 serrate + \beta_6 delrate + \beta_7 popularity + \beta_8 share1 + X'\beta + \varepsilon \quad (6-4)$$

本研究采用OLS模型对淘宝"遮阳伞"与"海信电视"的截面数据进行回归分析,为控制多重共线性问题对回归结果的影响,进行方差膨胀因子检验且膨胀因子显著小于10;为了解决异方差问题,采用稳健标准误进行估计。此外,参照王宇(2019)的做法,分别考虑商品综合排序下位于前十(TOP10)、前二十(Top20)、前五十(TOP50)和所有商品(ALL)的情况,分别进行回归。需要说明的是,二者的解释变量不尽相同:首先,"遮阳伞"的数据中缺少对卖家位置、开店时长、保证金等店铺特征的数据,故这些解释变量作为X'只出现在"海信电视"的回归结果中;其次,"遮阳伞"的数据中没有商品成交量,故以累计评论数占比近似反映市场份额情况。回归结果如表6-3与表6-4所示。

表6-3 淘宝"遮阳伞"样本对价格的回归结果

	TOP10	TOP20	TOP50	ALL
排序位置	-0.000 7 (0.001 5)	-0.000 6 (0.001 5)	-0.000 6 (0.001 5)	-0.000 9 (0.001 5)
卖家类型	7.439 0*** (1.600 9)	7.414 5*** (1.600 8)	7.402 7*** (1.602 6)	7.447 1*** (1.602 0)
侧边栏展示	2.015 7 (6.089 6)	1.935 5 (6.089 1)	2.724 2 (6.080 6)	3.280 3 (6.056 4)
描述评分	-3.022 0 (12.445 5)	-3.254 9 (12.446 9)	-3.276 8 (12.477 7)	-2.421 6 (12.449 9)
服务评分	83.677 2*** (17.585 5)	83.652 3*** (17.583 4)	84.364 6*** (17.610 5)	83.666 9*** (17.597 6)
物流评分	11.857 5 (18.102 2)	12.079 5 (18.101 9)	11.550 7 (18.113 8)	11.264 1 (18.111 9)

续 表

	TOP10	TOP20	TOP50	ALL
关注人数	-1.30×10^{-4} (8.55×10^{-5})	-1.30×10^{-4} (8.55×10^{-5})	-2.37×10^{-4} (8.68×10^{-5})	-1.21×10^{-4} (8.54×10^{-5})
市场份额	-28.893 5 (35.554 0)	-23.830 7 (34.535 3)	-10.189 2 (33.626 1)	-5.310 1 (33.287 8)
常数项	-402.839 6*** (36.443 4)	-402.852 8*** (36.439 1)	-403.579 0*** (36.479 4)	-402.639 4*** (36.468 4)
R^2	0.126 8	0.127 0	0.125 6	0.125 1
Adj R^2	0.122 5	0.122 7	0.121 3	0.121 3
F	29.65	29.71	29.34	32.88
N	1 848	1 848	1 848	1 848

注：***、**、*分别表示统计值在1%、5%和10%的水平下显著。
资料来源：笔者利用stata15.1软件计算。

由表6-3所反映的淘宝"遮阳伞"样本的回归结果与理论分析相符，价格与排序位置之间确实不存在相关性，价格位置越靠前，平台并不会在搜索结果中将其靠前排列；同时排序位置靠前的厂商也并未降低其产品价格。此外，关注人数越多，产品价格越高。显然，消费者不会因为产品价格高才去关注，造成这一结果的原因可能当关注人数增加时，意味着厂商自身拥有持久的且较高的曝光度和一定的粉丝忠诚度，此时厂商会有提价赚取超额利润的动机。卖家类型为天猫时，产品价格也显著高于普通淘宝卖家；服务评分越高，产品的价格越高；而以累计评论数反映的市场份额与价格之间也不具有统计上的相关性。

表6-4 淘宝"海信电视"样本对价格的回归结果

	TOP10	TOP20	TOP50	ALL
排序位置	-0.008 0 (0.047 8)	-0.004 1 (0.051 2)	0.008 2 (0.055 3)	-0.004 8 (0.040 5)

续　表

	TOP10	TOP20	TOP50	ALL
关注人数	0.079 2*** (0.013 3)	0.078 9*** (0.013 3)	0.078 7*** (0.013 3)	0.078 7*** (0.013 3)
卖家类型	0.668 9*** (0.165 1)	0.671 1*** (0.165 2)	0.664 6*** (0.165 8)	0.666 7*** (0.165 1)
相关性	3.168 9*** (0.143 3)	3.177 0*** (0.145 2)	3.195 3*** (0.146 3)	3.190 7*** (0.135 6)
卖家地址	0.842 4*** (0.116 9)	0.841 7*** (0.116 9)	0.840 8*** (0.116 7)	0.841 1*** (0.116 8)
开店时长	−0.008 8 (0.027 6)	−0.008 2 (0.027 6)	−0.008 8 (0.027 8)	−0.008 5 (0.027 6)
描述评分	−0.773 0 (0.736 8)	−0.765 1 (0.737 5)	−0.744 3 (0.736 7)	−0.748 2 (0.734 3)
服务评分	1.104 9 (0.705 6)	1.115 8 (0.705 6)	1.111 3 (0.705 7)	1.109 5 (0.705 2)
物流评分	3.156 5*** (0.926 6)	3.142 1*** (0.925 1)	3.133 8*** (0.925 6)	3.137 2*** (0.923 6)
保证金	-6.64×10^{-6}*** (1.49×10^{-6})	-6.65×10^{-6}*** (1.49×10^{-6})	-6.60×10^{-6}*** (1.49×10^{-6})	-6.61×10^{-6}*** (1.49×10^{-6})
常数项	−13.931 8*** (2.368 5)	−13.982 1*** (2.371 8)	−14.112 4*** (2.378 9)	−14.075 8*** (2.355 9)
R^2	0.738 0	0.737 9	0.737 9	0.737 9
F	740.04	744.62	746.35	807.25
N	1 999	1 999	1 999	1 999

注：***、**、*分别表示统计值在1%、5%和10%的水平下显著。
资料来源：笔者利用stata15.1软件计算。

表6-4的回归结果仍然支持本研究理论分析的结论，价格与排序位置之间仍然不存在相关性。此外，关注人数与价格仍然表现出正向的相关性，并且当卖家类型为天猫时，或产品的相关性较高时，则产品价格越高。与遮阳伞的

回归结果不同的是,物流评分与产品价格存在正向的相关性,而非与服务相关,这可能是因为相对于轻巧易携的遮阳伞,在购买电视时消费者更看重卖家的物流水平。

三、基于产品质量的分析

(一) 理论分析

产品质量是影响消费者效用的关键因素之一。在传统微观经济学中,产品质量不是被看作确定不变,就是被简单地认为与价格完美挂钩,但在信息不对称的情况下,劣品驱逐良品的问题(Akerlof,1970)就可能成为破坏电子商务平台,甚至是平台经济健康发展的祸首。曲创和刘重阳(2019)指出,卖方数量的增加最终会导致买方的搜索成本升高,甚至可能出现"逐利性的非中立搜索平台"默许虚假信息的问题,最终导致"劣币驱逐良币效应",致使平台上劣质产品泛滥。近年来,随着平台规模的迅速扩张,平台产品质量下滑的问题受到越来越多的关注,百度"魏则西"与美团"黑作坊"事件严重破坏了公众对平台经济的信任,而原本在电子商务平台早期发展阶段中被证明行之有效的好评率与信任机制,也在不断曝出的数据造假与好评返现等乱象中逐渐丧失了原有的地位。显然,质量下滑会损害消费者体验,从而影响平台的正反馈效应,甚至有可能形成负反馈效应,这是制约平台发展的重要问题。为解决此问题,电子商务平台专门设有针对店铺信用等级、产品质量、服务水平等评分较低问题的店铺清退规则,即停止向产品、服务质量不达标的店铺提供技术支持。[①] 但除此之外,是否还有别的机制能够激励厂商提高产品质量?本研究主要关心的问题是,排序机制对产品质量的影响如何?

王宇(2019)的研究指出,在平台规模扩张的过程中产品质量会无可避免地下滑,这是因为厂商高质量产品的交易概率会随着平台规模的扩张而减小,但是使用排序机制撮合交易能够使生产高质量产品的厂商获得更高的交易概率,相应地也就能获得更高的利润,因此排序机制有助于缓解产品质量的下滑问题。但是需要注意的是,排序机制对不同类型厂商的影响具有差异性,并且以价排序、以信用排序、以质排序对厂商的激励作用都不尽相同。

具体来说,王宇(2019)假设买卖双方的交易都经由一个垄断平台撮合,其

---

① 京东与天猫均发布了相关清退规则,具体介绍可见本书第六章第四节。

中,平台按照规定对所有平台厂商资质与产品质量进行专业审查,并如实告知消费者;消费者则只能依靠平台的专业能力来甄别产品质量,因为搜索成本较高,消费者随机挑选厂商进行交易,并最终以其意愿支付价格的一半达成交易。平台上厂商有两种类型 A 与 B,产品质量水平有三种,由高到低分别为 H、M、L,A 类型厂商技术水平较高,可以以 $c_A(M)=0$ 的成本生产 M 产品,$c_A(H) \triangleq c_1 > 0$ 的成本生产 H 产品;B 类型厂商则以 $c_B(L)=0$ 的成本生产 L 产品,$c_B(M) \triangleq c_2 > 0$ 的成本生产 M 产品,$c_1 > c_2$;平台中有 N 个厂商,并且 $N \geqslant 2$,其中 A 厂商占比为 p,B 厂商占比 $1-p$。消费者的支付意愿与产品质量有关,满足 $0 < 2v_L < 2v_M < 2v_H$ 且 $v_H - v_M < v_M - v_L$,$v_L < v_M - c_2 < v_M < v_H - c_1$。该条件说明,更高质量的产品在卖出后能够产生更高的利润。此时,A 厂商的策略空间是{H,M},B 厂商的策略空间是{M,L}。不考虑同类型厂商的异质性,纳什均衡仅有四种可能:一是{H,M},即 A 厂商生产 H 质量产品的同时 B 厂商生产 M 质量产品,也就是 A、B 两类型的产品均生产较高质量的产品;二是{M,M},即 A 厂商与 B 厂商均生产 M 质量的产品;三是{H,L},即 A 厂商生产 H 质量产品的同时 B 厂商生产 L 质量的产品;四是{M,L},指 A 厂商生产 M 质量产品的同时 B 厂商生产 L 质量的产品,也就是 A、B 两类型的产品均生产较低质量的产品。

现讨论不排序时,各类型厂商在何种约束条件下会生产较高质量的产品。易知 A 类型厂商会在式 6-5 成立时,生产质量为 H 的产品,否则只生产 M 产品。

$$v_H/N - c_1 > v_M/N \qquad (6-5)$$

而 B 厂商会在式 6-6 满足时生产 M 质量的产品,否则只生产 L 产品。

$$v_M/N - c_2 > v_L/N \qquad (6-6)$$

易知当 $N < N_1$ 时,两类型厂商均会选择较高质量的产品进行生产,即 A 厂商会生产 H 质量产品,B 厂商会生产 M 质量产品;当 $N_1 < N < N_2$ 时,两类厂商均选择生产 M 质量产品;当 $N > N_2$ 时,两种厂商均选择较低质量的产品进行生产,即 A 类型厂商生产 M 质量产品,B 类型厂商生产 L 质量产品,如图 6-5 所示。

再考虑引入排序机制时的情况,此时消费者选择任一厂商的概率并不相同,而是与厂商的排序位置有关。假设消费者在选择厂商时遵循幂律分布中的 Zipf 律(Zipf,1949;Case,2007),归属于同一垄断平台的 N 个厂商中,排

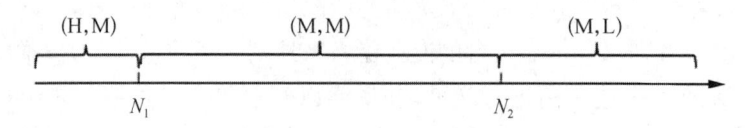

图 6-5 不排序情况下纳什均衡与厂商数量 N 的关系

资料来源：王宇等（2019）。

序为 k 的厂商被消费者选中进行交易的概率为

$$f(k, s, N) = k^{-s} \Big/ \sum_{n=1}^{N} n^{-s} \tag{6-7}$$

在质量优先排序机制下，结合式 6-7 对两类型厂商的利润进行分析易知，[1]当平台规模在某一范围之内时，质量优先排序较不排序时更优；但如果平台规模继续扩张，最终两类型厂商都会选择生产质量水平较低的产品，如图 6-5 所示。

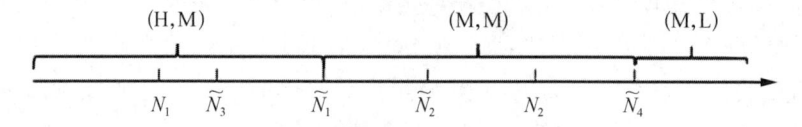

图 6-6 排序情况下纳什均衡与厂商数量 N 的关系

资料来源：王宇等（2019）。

具体来说，对比图 6-5 与图 6-6 可知，当 $N_1 < N < \tilde{N}_1$ 时，A 类厂商在不排序时会生产 M 产品，但在质量排序机制下，会选择生产更高质量的 H 产品。而当 $N_2 < N < \tilde{N}_4$ 时，不排序时 B 类厂商会生产 L 质量产品，但在质量排序机制下，B 类厂商会选择生产更高质量的 M 产品。当厂商总量 N 处于其他取值范围时，在不排序和质量优先的排序下，平台产品的质量水平相同。

事实上，上述模型推导的内涵是，随着平台规模不断扩张，厂商成功交易的概率会随之下降，厂商生产高质量产品所能获得的利润也会因此不断下降，直到可以获得的预期收益不足以弥补成本时，厂商就会放弃生产高质量产品转而只生产低质量产品。排序机制能够促使厂商提升生产质量的原因在于，高质量产品能够被优先推荐获得更多的消费者流量，从而提高了厂商生产高

---

[1] 具体推导过程详见王宇等（2019）及其附录。

质量产品的利润。显而易见的是，对于平台而言，厂商生产高质量产品能够提升消费者满意度，从而加强买卖双方之间的正反馈效应，助推平台规模扩张。根据本书第五章的结论也可知，通过激励厂商提高产品质量，也可以影响消费者预期，从而提高消费者的购买率，最终增加厂商与平台的利润。可见，当平台排序机制优先展示质量较高的产品时，厂商生产高质量产品的利润会更高，消费者的效用也会比原本购买低质量产品时更高，平台的利润也会因此增长，三者加总社会福利也会提高。

综上所述，平台有优先推荐质量较高产品的动机，并且平台质量优先的排序机制能够使厂商从生产更高质量的产品中获得更高的利润，因此能够有效激励厂商提高产品质量，这有利于增进社会福利。

（二）实证检验

上文指出，平台具有优先展示高质量产品的动机，并且当高质量产品被优先展示时，厂商会选择生产相对较高质量的产品，这时相比不排序或者是不以质量为先进行排序，社会福利会得到改善。按照该结论可以推断，排序位置越靠前，产品质量应当越高。王宇等（2019）通过淘宝"遮阳伞"的数据已经初步验证了该结论，本研究将利用从京东官网上抓取的"遮阳伞"搜索结果数据，检验在京东平台中该结论是否依然成立。

1. *数据说明与描述性分析*

京东"遮阳伞"数据来源是通过软件程序在京东官方网站对相应搜索结果面数据进行抓取得到的，共3 000个样本。但由于京东只公布非自营店铺的商品评价、物流履约和售后服务评分[①]，并且京东自营的质量控制和非自营的质量控制在整体上会存在显著的差异，因此本研究的回归主要基于非自营店铺数据。筛选出非自营店铺数据共可得到1 519个有效样本。需要特别说明的是，质量高低以产品标签中是否包含京东"放心购"认证（见图6-7）进行衡量，包含该标签的产品提供"运费险"和"闪电退款"两项服务。笔者认为，包含这两项服务的产品能够较好地反映产品的实际质量，因为如果产品质量较差，基于这两项服务的便利性，消费者的退货率会非常高，这会给厂商带来极大的损失。此外，由于京东搜索页面的数据中不包含成交量，因此本研究分别以累计评论数量占比与粉丝数占比与累计评论数量与价格乘积的占比反映市场份

---

① 店铺评分的数据由作者通过商品详情手动摘录整理得到。

额,得到 share1 与 share2 两个指标,主要反映店铺较长时间范围内的市场份额情况。

图 6-7 京东"放心购"认证

资料来源:京东官方网站。

变量定义与说明见表 6-5,主要变量的描述性统计见表 6-6,相关性分析见表 6-7。

表 6-5 京东"遮阳伞"搜索数据变量定义与说明

符号	名称	说明
r	商品质量	虚拟变量,遮阳伞产品标签中包含京东认证的"放心购"记为 1,不包含则记为 0
$rank$	排序位置	综合排序第一位记为 1,第二位记为 2,依次类推
$price$	价格	该产品在搜索结果中所列示的价格
nad	排序类型	虚拟变量,非广告卖家记为 1,广告卖家记为 0
$jdwl$	物流类型	虚拟变量,产品使用京东官方物流记为 1,否则记为 0
$discount$	折扣类型	虚拟变量,产品至少提供"满减""满折""免邮""秒杀""优惠券"等任一折扣优惠活动记为 1,否则记为 0
mr	描述评价	衡量所售商品与描述相符程度,取值为 1—10
fr	服务评价	衡量卖家服务的满意程度,取值为 1—10
wr	物流评价	衡量物流服务的满意程度,取值为 1—10
$comments$	累计评价	该产品累计评论数
$share1$	市场份额 1	该产品累计评论数在所有排序产品累计评论数之和中的占比

续　表

符　号	名　称	说　　明
share2	市场份额2	该产品累计评论数及对应价格的乘积,在所有排序产品累计收藏数与对应价格的乘积之和中的占比

资料来源:笔者根据京东官方网站数据整理。

表6-6　京东"遮阳伞"搜索数据主要变量的描述性统计

变　量	均　值	标准差	最小值	最大值	中位数	观测值
质量	0.3278	0.4696	0	1	0	1519
排序位置	856.0290	463.5529	3	1672	857	1519
市场份额1	0.6583	0.7392	0	23.7088	0.0002	1519
市场份额2	0.0658	0.4003	0	10.9374	0.0003	1519
价格	88.2130	75.2450	7.7	399	65	1519
排序类型	0.9789	0.1437	0	1	1	1519
物流类型	0.0481	0.2140	0	1	1	1519
折扣优惠	0.3976	0.4896	0	1	0	1519
描述评分	8.7097	0.4432	8	10	8.67	1519
服务评分	8.9001	0.5343	8	10	8.94	1519
物流评分	8.8852	0.3949	8	10	8.87	1519
累计评价	971.8519	10912.79	0	350000	3	1519

资料来源:笔者根据京东官方网站数据整理,利用stata15.1软件计算得到。

图6-8反映了京东"遮阳伞"非自营数据中价格与排序位置的散点图,二者之间同样没有发现明显的相关性,京东数据仍然支持前一小节的结论,即平台不会优先展示价格较低的产品。基于京东自营产品数据绘图(见附录),结果仍然不变。

表 6-7 京东"遮阳伞"搜索数据主要变量的相关性检验

	ri	rank	share1	share2	price	nad	jdxul	discount	mr	wr	fr
ri	1.0000										
rank	−0.2400***	1.0000									
share1	0.0152	−0.0883***	1.0000								
share2	0.0818***	−0.1513***	0.9080***	1.0000							
price	0.0068	0.0188	−0.0415	−0.0140	1.0000						
nad	−0.0929***	0.2240***	0.0663***	0.1341***	0.0002	1.0000					
jdxul	0.0398	−0.0437*	0.0185	0.0395	0.0625**	0.0330	1.0000				
discount	0.0830***	−0.1377***	0.0480**	0.0378	−0.1064***	0.1192***	0.0250	1.0000			
mr	0.4545***	−0.2033***	0.0154	0.0662***	0.2535***	−0.0615**	0.0545**	0.0166	1.0000		
wr	0.4896***	−0.2936***	0.0732***	0.1473***	−0.0832***	−0.1114***	0.2150***	0.1134***	0.4067***	1.0000	
fr	0.2386***	−0.0979***	0.0200	0.0144	0.0341	−0.0352	0.0104	−0.0124	0.2714***	0.2113***	1.0000

注：***、**、*分别表示统计值在1%、5%和10%的水平下显著。
资料来源：笔者根据京东官方网站数据整理，利用stata15.1软件计算得到。

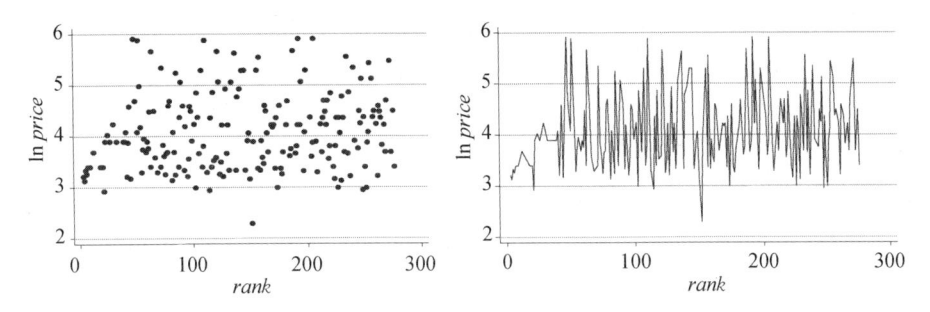

第六章　电子商务平台排序机制对社会福利的影响 / 141

图 6-8　京东"遮阳伞"样本中 TOP200 非自营产品排序位置与价格的散点图
注：笔者利用 stata15.11 软件绘制。

2. 实证模型与实证结果分析

为进一步验证排序位置是否确实与价格无关，本研究构建的实证模型如下：

$$\ln\frac{P}{1-P} = \alpha + \beta_1 share + \beta_2 price + \beta_3 rank + \beta_4 price \cdot rank + \beta_5 nad + \beta_6 jdwl + \beta_7 discount + \beta_8 mr + \beta_8 wr + \beta_8 fr + \varepsilon \quad (6-4)$$

由于被解释变量是虚拟变量，本研究采用 Logit 模型对京东"遮阳伞"数据进行回归分析，为控制多重共线性问题对回归结果的影响，进行方差膨胀因子检验且膨胀因子显著小于 10；为了解决异方差问题，采用稳健标准误进行估计。此外，为了更好地分析核心解释变量之间的相互关系如何影响质量水平，还加入了价格与排序的交互项。京东平台"遮阳伞"样本对质量的回归结果见表 6-8。

表 6-8　京东"遮阳伞"样本对质量的回归结果 1

	(1)	(2)	(3)	(4)	(5)
市场份额 1	−0.000 3 (0.071 9)	−0.004 (0.072 6)	−0.006 2 (0.073 1)	−0.012 1 (0.073 1)	−0.110 7 (0.118 4)
排序位置	−0.000 5 (0.000 2)	−0.000 5*** (0.000 2)	−0.000 5*** (0.000 2)	−0.000 5*** (0.000 2)	−0.000 4** (0.000 2)
产品价格	0.006 5*** (0.001 4)	0.006 4*** (0.001 4)	0.006 4*** (0.001 4)	0.006 5*** (0.001 4)	0.008 4*** (0.001 7)

续表

	(1)	(2)	(3)	(4)	(5)
排序与价格交互项	-7.57×10^{-6}*** (1.62×10^{-6})	-7.47×10^{-6}*** (1.61×10^{-6})	-7.55×10^{-6}*** (1.62×10^{-6})	-7.44×10^{-6}*** (1.62×10^{-6})	-1.06×10^{-5}*** (1.81×10^{-6})
卖家类型		-0.408 4 (0.386 7)	-0.431 3 (0.387 1)	-0.568 6 (0.393 9)	-0.214 9 (0.473 5)
物流类型			0.345 9 (0.258 6)	0.340 5 (0.259 0)	0.841 3*** (0.322 2)
产品折扣				0.244 1** (0.118 5)	0.195 8 (0.145 4)
描述评分					1.965 2*** (0.191 7)
服务评分					1.242 8*** (0.202 4)
物流评分					2.132 3*** (0.177 7)
常数项	-0.322 5** (0.158 5)	0.059 0 (0.394 4)	0.057 9 (0.394 4)	0.051 7 (0.394 6)	-48.407 2*** (3.010 6)
Log likelihood	-901.754 3	-901.184 9	-900.305 8	-898.191 6	-634.397 7
Pseudo R^2	0.061 6	0.062 2	0.063 1	0.065 3	0.339 8
N	1 519	1 519	1 519	1 519	1 519

注：***、**、*分别表示统计值在1%、5%和10%的水平下显著。
资料来源：笔者利用stata15.1软件计算。

由表6-8可知，市场份额的系数并不显著，由于此处市场份额的计算以长期的累计评论人数占比求得，无法反映较短的时期内产品质量对市场份额的影响，所以此处的结果表明市场份额较高的厂商并不一定会提高产品质量或降低产品质量。产品价格与产品质量的系数显著为正，说明价格越高，质量越高。产品排序位置与产品价格的系数显著为负，说明排序位置越靠前，产品质量越高。这与本研究理论部分的结论一致。此外,排序与价格的交互项显著为负,这说明当排序位置越靠后时,价格与质量之间的相关系数就越小。回归结果还表明,使用京东物流的产品价格较高,这是因为京东物流便捷高效,厂商选用京东物流服务要向京东平台缴纳更高的费用;并且描述评分、物流履约评分与售后服务评分越高的产品,其标价也越高。此外,本研究利用$share2$指标进行回归,回归结果仍然稳健(见表6-9)。

表6-9 京东"遮阳伞"样本对质量的回归结果2

	(1)	(2)	(3)	(4)	(5)
市场份额2	0.2543 (0.1705)	0.2343 (0.1672)	0.2243 (0.1648)	0.2165 (0.1652)	0.0450 (0.1749)
排序位置	-0.0005^{***} (0.0002)	-0.0005^{***} (0.0002)	-0.0005^{***} (0.0002)	-0.0004^{**} (0.0002)	-0.0004^{**} (0.0002)
产品价格	0.0065^{***} (0.0014)	0.0064^{***} (0.0014)	0.0065^{***} (0.0014)	0.0065^{***} (0.0014)	0.0085^{***} (0.0016)
排序与价格交互项	$-7.54\times 10^{-6***}$ (1.61×10^{-6})	$-7.46\times 10^{-6***}$ (1.61×10^{-6})	$-7.55\times 10^{-6***}$ (1.62×10^{-6})	$-7.44\times 10^{-6***}$ (1.62×10^{-6})	$-1.07\times 10^{-5***}$ (1.81×10^{-6})
卖家类型		-0.3377 (0.3900)	-0.3619 (0.3903)	-0.4968 (0.3961)	-0.1839 (0.4745)
物流类型			0.3299 (0.2593)	0.3249 (0.2597)	0.8456^{***} (0.3220)
产品折扣				0.2387^{**} (0.1185)	0.1903 (0.1453)
描述评分					1.9642^{***} (0.1916)
服务评分					1.2395^{***} (0.2022)
物流评分					2.1256^{***} (0.1778)

续　表

	(1)	(2)	(3)	(4)	(5)
常数项	−0.366 3** (0.159 5)	−0.048 9 (0.399 6)	−0.046 8 (0.399 4)	−0.052 5 (0.399 6)	−48.348 9 (3.005 7)
Log likelihood	−900.348 4	−899.967 5	−899.172 6	−897.151 4	−634.888 9
Pseudo R^2	0.063 1	0.063 5	0.064 3	0.066 4	0.339 3
N	1 519	1 519	1 519	1 519	1 519

注：***、**、*分别表示统计值在1%、5%和10%的水平下显著。
资料来源：笔者利用stata15.1软件计算。

事实上，平台不仅仅会通过优先展示高质量产品来激励厂商提高产品质量，还从以下两个方面激励厂商提高产品质量。一方面，淘宝平台和京东平台都出台了专门的产品抽检规则以及与产品质量挂钩的店铺清退规则，以保证平台内产品的质量；另一方面，根据淘宝平台与京东平台公开披露的排序规则可以发现，当厂商提供的产品存在质量问题时，淘宝平台与京东平台会在排序机制中对该商家的产品进行降权处理，甚至是在规定时间段屏蔽该商家产品作为惩罚，而且商品描述评分也会作为商家产品参加平台促销活动的门槛，这些都是平台将产品质量与产品浏览量挂钩的例子。

小结

网络平台作为互联网经济的典型组织，能够为供需双方提供便捷、有效的线上交易服务，降低了供需双方的交易成本，扩大了市场交易范围，提升了资源配置效率，是促进本国经济发展的重要支撑，也是本国创新驱动发展战略的重要主体。目前有许多研究认为，"用户间网络外部性的存在限制了平台运用市场势力进行价格加成的能力，任何想从一边用户获取超额利润的策略都将是自我毁灭的过程"，并且在平台用户规模不断扩张的动态过程中，网络平台特有的对买卖双方的"非对称定价"，脱离了传统的边际成本定价约束，垄断平台不但不会"提价限产"，反而会向部分用户提供补贴，这有利于增进社会福利①。

然而本章的研究表明,虽然排序机制本身有助于降低市场交易成本,增进社会福利,但当平台存在较强的市场势力时,由垄断平台构建的排序机制于社会福利而言,就成为一把双刃剑。一方面,对买卖双方定价显著不对称的垄断平台,由于不能将买卖双方间因网络外部性所致的成本收益全部内化于自身,具备利用排序机制偏袒部分厂商使其维持高价、留存超额利润的动机与能力,这会损害社会福利。但另一方面,平台又激励厂商提升质量,通过在排序机制中优先展示高质量产品,平台排序机制能够促进厂商提升产品质量,从而促进社会福利的提升。

本章利用淘宝搜索数据与京东搜索数据进行的实证检验均表明:第一,产品价格与排序位置之间确实不存在任何统计上的相关性,平台会将价格相近的产品分散展示在相距较远的排序位中,在满足消费者多样性需求的同时弱化搜索范围有限的消费者的比价能力,这能够引导同质厂商将竞争从"价格战"转向"排序战",最终减少因厂商竞相降价导致的平台利润损耗。第二,产品质量与排序位置之间存在正相关关系,平台会将质量较高的产品优先展示,使高质产品能够获得更高的利润,从而激励厂商提高产品质量。

---

① 见冯丽、李海舰(2003),Armstrong(2006)以及曲振涛等(2010)对垄断平台的分析。

第七章 主要结论与政策建议

本研究从理论与实证两个层面对电子商务平台的排序机制展开,系统地研究了电子商务平台排序机制对用户的作用机理、电子商务平台构建排序机制的约束条件,以及平台排序机制对社会福利的影响。

在理论研究部分,将电子商务平台买卖双方间的交易与传统微观经济理论所描绘的市场交易进行对照,发现内嵌排序机制的市场交易存在着许多传统微观理论无法解释的特点。比如在传统微观经济理论中,市场供需决定均衡价格,价格信号调节稀缺资源配置,买卖双方的交易在"看不见的手"的作用下自然达成,不会存在匹配效率的问题。但事实上,电子商务平台中的买卖交易却是由平台以特定的排序算法匹配达成的。再比如传统微观经济理论中,厂商以价格进行竞争,而在电子商务平台中影响厂商竞争的关键因素还包括排序位置。

在实证研究部分,借鉴 Edelman(2011)提出的三种平台排序策略鉴别方法(一是比较不同平台的排序结果差异;二是比较同平台不同时段的排序差异;三是比较不同形式相同内涵的关键词,所对应的排序结果差异),利用程序软件从淘宝平台与京东平台收集了大量的搜索试验数据,对主要的理论观点进行实证检验,并测算了淘宝平台与京东平台的排序非中立程度,结果发现淘宝平台的排序非中立程度要远高于含有自营商品的京东平台。

一、主要结论

得到如下主要研究结论:

第一,从三个角度阐释了平台排序机制的本质。其一,平台排序机制是作为交易中介的平台,向难以处理海量数据的有限理性的个人提供的简明易懂的数据筛选与排序服务,能够降低搜索成本。其二,平台搜索排序机制是平台作为理性经济人,配置稀缺数据资源,追求利润最大化的机制,能够对用户形成激励。其三,平台排序机制是市场价格机制的互补性机制,能够提供更多维度的产品信息,甚至使市场价格反映更多维度的产品信息,从而使产品的市场价格更加趋近于产品的真实价值,提高经济市场中资源配置的效率。

第二,通过理论与实证研究发现,在嵌入排序机制的市场交易中,在线消费者的顺序搜索模式使得排序成为价格之外影响消费者选择与厂商竞争的又一个关键性因素,排序位靠前的厂商能够拥有较高的市场份额。一方面,排序机制能够通过影响消费者的搜索成本与消费者的预期,影响消费者搜索范围,从而影响厂商流量;另一方面,排序机制能够通过影响厂商的激励与消费者的预期,影响消费者的购买率,也就是厂商的转化率。

第三,在嵌入排序机制的市场交易中,在一定的约束条件下,没有自营产品参与排序的平台也会具有利用排序机制干扰厂商间的正常竞争秩序的动机。具体来说,平台会对需求弹性高的用户收取低价、免费甚至是提供补贴,而对需求弹性低的用户收取高价。在平台规模不断扩张的过程中,厂商数量存在着从多样化增加转向竞争加剧的拐点。在此拐点之后,如果平台对厂商的收费显著高于对消费者的收费,厂商数量增加导致的竞争加剧会损耗平台利润。排序机制为平台提供了干预厂商间竞争的工具,通过控制厂商在排序中的优先度与曝光率,平台可以使一部分厂商在维持原产品价格不变的同时获得竞争优势,增加市场份额,从而减少因厂商竞相降价而导致的利润损耗。因此,在上述约束条件满足时,平台会具有提供非中立排序结果的激励。

第四,虽然排序机制能够降低消费者搜索成本,提高消费者与厂商的匹配概率,从而提升稀缺资源的配置效率,改善社会福利。但当平台具有较强的市场势力时,平台排序机制对社会福利具有两方面的影响:一方面,垄断平台会利用排序机制弱化厂商间竞争,使产品价格维持在高位,这会损害社会福利;但另一方面,垄断平台会优先展示高质量产品,激励厂商提高产品质量,这能够增进社会福利。

第五,排序机制对于市场价格机制具有双重影响——补充效应与替代效应。平台排序机制对市场价格机制的补充效应体现在:市场价格机制无法脱离平台排序机制单独存在,因为过高的搜索成本会使消费者放弃了解厂商产品的价格信息;平台排序机制也无法脱离市场价格机制起作用,当市价之高远远超出了消费者可以获得的效用,即使该厂商的产品能够进入消费者的搜索范围,消费者也不会选择该产品。并且,当厂商的排序位越靠前时,价格降低对厂商份额的影响就越大,当厂商的排序位越靠后,厂商的流量越小时,价格降低对厂商份额的影响就越小。同理,在价格较低的情况下,厂商排序优先度提升,对市场份额的影响会越大;而当价格较高时,厂商排序优先度提升,对市场份额的影响会较小。从本质上来看,在信息不完全的经济市场中,平台排序机制之所以能够对市场价格机制形成补充,是因为平台排序机制能够提供更多维的产品信息,而这些信息正是市场价格信号难以有效反映出来的。

平台排序机制对市场价格机制的替代效应体现在:排序位置在厂商竞争中的作用越来越显著,甚至在一定程度上会使价格机制失效。具体来说,与客观公开的市场价格机制不同,排序机制是由平台企业为谋求利润最大化而设定的,垄断平台能够利用排序机制谋求超额利润,使排序位靠前的厂商无须降价就能获得较高的市场份额,这弱化了价格在厂商竞争中的作用。从理论层面来看,在传统微观经济理论中,价格是决定厂商竞争的最关键因素,价格越低,消费者对该产品的需求越旺盛,厂商份额就越高,可将其称为"价格-份额说"。但在平台经济中,因为排序机制的存在,厂商能够在价格不变的情况下通过提升排序位置优先度来提升市场份额,且排序位置又可由平台企业主观操纵,可见排序位置决定厂商市场份额的"排序-份额说"更适用于平台经济领域。此外,在传统微观经济理论中,产品质量不是被假设为外生给定,就是被简单地看作与价格完美挂钩;而在平台经济中,产品质量的重要性前所未有地得到凸显,平台排序机制可以通过优先展示高质量产品的方式,激励企业在产品价格不变的情况下提升产品质量,可见排序与质量挂钩的"排序-质量论"相较于价格与质量挂钩的"价格-质量论"更能够反映平台经济领域的市场交易规律。

基于上述研究结论,可以回答本研究在最开始时所提出的问题——在传统微观经济理论中,市场价格机制的原理是,以效用最大化为目标的理性消费者在边际效用递减规律的约束下构建了市场需求的基础,以利润最大化为目标的厂商在边际产量递减规律的约束下构建了市场供给的基础,市场供需信息所产生的价格,作为"看不见的手"配置稀缺资源,使供给与需求在动态变化过程中能够始终围绕着市场均衡状态不断进行调整。但在互联网经济条件下,平台是以什么样的目标,受制于怎样的约束条件,通过什么样的方式参与到市场交易当中的,又是如何影响市场供给与需求变动的?

本研究表明:首先,平台仍是以自身利润最大化为目标的理性经济人,平台的利润主要源于平台用户。其次,平台主要受到收费结构(包括双边免费、双边收费与单边收费等,见第六章的理论分析部分)、用户交叉网络外部性与用户竞争的约束,当平台的利润主要源于存在相互竞争的一组用户时,平台的边际收益会在平台规模达到一定阈值时递减。再者,平台是通过向买卖双方提供排序机制参与市场交易,在信息不完全、不对称的条件下,该机制能够提高买卖双方的匹配效率,降低交易成本,增进社会福利。最后,排序位置的调整能够影响消费者选择与厂商销量,因而能够供给与消费者的需求,从而影响稀缺资源配置。这是平台排序机制的运行原理。

进一步地,本研究尝试将嵌入排序机制的市场交易原理归纳如下:在市场信息不完全的条件下,市场交易主体包括消费者、厂商与平台企业,消费者在边际效用递减规律的制约下选择需求量,厂商受边际产量递减规律制约选择供给量,而利润主要源于竞争性厂商的平台企业,会在其规模在达到一定阈值后受到边际收益递减规律的制约,并在这种局限条件下选择是否采取非中立性的排序策略。在市场的动态调整过程中,市场价格机制与平台排序机制共同决定市场供需:在市场价格机制中,消费者见自身效用高于价格则购入,低于则放弃,该决策决定着厂商的转化率;在平台排序机制中,消费者预期效用高于搜索成本与预期价格之和则搜索,低于则放弃,该决策决定着厂商的流量。二者之乘积决定了消费者最终的需求量与厂商最终的供给量。可见,平台的排序决策通过影响消费者的搜索成本与搜索预期影响消费者需求与厂商供给。

二、政策建议

总的来说,本研究发现,在平台经济领域中,因为排序机制的嵌入,市场交易的运行规律已经发生了深刻的改变。从经济主体来看,超大型垄断平台已经远远超出了传统厂商与传统中介机构的范畴;从信息传递信号来看,排序位置正在逐步影响和替代市场价格;从经济交易过程来看,排序位置决定了消费者的搜索成本与厂商所能获取的流量;从资源配置过程来看,除市场这只"看不见的手"之外,平台企业正通过排序机制形成一只"数字化的手"影响消费者选择,控制厂商竞争秩序。这也解释了天猫、京东等电子商务平台为何会主动约束规模扩张,并不断升级排序算法。对于互联网平台来说,垄断方式已经从简单的规模扩张转变为对排序机制的掌控。因此,排序机制应在互联网反垄断规制中被给予更多的关注。从经济运行效率与社会福利角度来看,排序机制已经在资源配置中发挥着越来越重要的作用,传统经济学中消费者选择理论与厂商竞争理论的分析范式或将因此而需要重构,当然这还需要后续进行更加广泛和更加深入的研究。

(一)反垄断规制的价格中心范式亟待突破

传统的反垄断规制是基于市场价格机制构建而成的。在这一理论体系之上,垄断厂商无论是通过控制厂商的供给量从而间接影响价格,还是直接控制价格,其攫取消费者剩余,损害社会福利的必经环节就是价格。事实上,传统市场力量本质就是定价自由度,展现的是价格中心范式下的卖家权力。在无法直接测定定价自由度的情况下,实务部门可以通过市场份额观察市场上的卖家结构和卖家集中度间接推测卖家权力。

但当平台企业能够通过排序机制形成的这只"数字化的手"来干预垂直市场资源配置时,控制价格的能力就不应再被认定为是平台企业市场支配地位的核心标准,控制价格也不应再被认为是平台企业干预市场竞争秩序的主要手段。在传统的市场支配地位认定因素中,执法机关最为依赖的是企业的市场份额、边际利润和市场集中度等。然而,对于数字经济来说,高市场份额、高边际利润、高市场集中度这些因素均为行业本身的特征而非估计市场力量的唯一标准。在滥用市场支配地位行为方面,平台利用保密算法设定的排序机制,其发生频率呈常态化趋势、规模逐渐扩大、隐蔽性不断增强,这些问题使传统反垄断规制举步维艰。2021年2月7日出台的《关于平台经济领域的反垄断指南》,表明中国反垄断实务部门已经注意到了搜索排序、数据流量在平台企业形成市场支配地位与滥用市场支配地位的重要作用。该指南的出台虽然为中国平台经济领域的反垄断提供了基本指引,但反垄断法的抽象性以及平台经济的复杂性都使得该领域的反垄断问题远未达到可被彻底解决的地步。平台企业利用排序机制干预横向市场与纵向市场竞争秩序的学理逻辑远未达到传统价格中心范式的那样清晰明了,同时排序机制与价格机制之间复杂的关联关系仍未明确。在这样的情况下,是难以建立与价格中心范式并行不悖、相辅相成的反垄断规制体系的。

(二)反垄断规制的数据流量监管体系亟待建立

由于平台算法保密,从技术上很难判定电子商务平台是否滥用搜索排序机制排除、限制竞争。虽然欧盟曾经试图要求谷歌说明其排序算法的原理,但是排序算法作为商业秘密,监管部门很难要求平台企业彻底公开其设计原理与具体的运行代码。所以,从总体上来看,对电子商务平台的搜索排序机制进行监管仍然困难重重。事实上,在对平台企业的反垄断规制中,实务部门对数字化市场的审查能力不足已经成为关键制约因素,一方面表现在对新业态缺乏了解和缺少行之有效的调查方法;另一方面则表现在调查取证的相对被动,许多关键性数据和文件掌握在被调查人手中,拒绝向反垄断执法机构提供。本书建议更新技术手段,构建基于数据信息的新型监管体系,以便利用指标体系对平台企业的排序数据进行全方位的追踪监控和分析研判,可以从以下四个方面具体展开:

第一,构建基于数据信息报送的常态化监管机制。中央经济工作会议提出"国家支持平台企业创新发展、增强国际竞争力","同时要依法规范发展、健全数字规则"。概括起来就是规范和发展并重,发挥常态化监管在规范平台企业行为中的作用,促使平台企业将重心放到积极创新、公平竞争和更好服务消费者上来,促进平台经济健康发展。构建常态化监管机制首先需要设立专业的平台经济监管部门,其次要建立平台企业定期报送数据信息的机制,再次由专业部门研判垄断威胁并制定规制机制。其具体内容还包括:制定标准化的信息报送细则,规范企业报送数据形式与内容;建立专门的数据库,接收和积累平台企业的数据信息报送;制定专业化分析机制,对报送信息进行评估审核,及时掌握平台企业发展新动向、新问题;制定监管处置细则,根据评估结果快速生成监管处置方案。

第二,构建基于实时监测预警的事前监管机制。平台经济的特点决定了其实施垄断的后果往往波及范围广,对竞争破坏较为严重,且事后监管具有难落实、见效慢的特点。建议开发实时监测预警系统,强化对平台垄断问题的事前监管。实时监测预警系统是指利用数字信息技术实时抓取网络信息,并利用数据模型捕获和提示异常交易的系统,该系统可以在海量交易中及时有效发现问题,辅助监管部门及时审查和规制反竞争行为,有效实现关口前移。相比于反垄断执法阶段的事后调查,更利于反垄断执法机构把握数字市场的竞争动态,掌握平台企业涉嫌垄断的违法事实,从而有针对性地开展反垄断执法,将竞争损害降至最低。

第三,构建基于数据信息共享的协同监管机制。平台经济反垄断问题的日益复杂化、专业化和波及面广泛化,需要市场监管、金融监管、工信、网信以及司法、公安等相关部门加强协同监管,特别是在证据获取、信息处理等方面加强配合。建议开发针对平台经济反垄断监管的信息共享系统,对监管数据信息流进行收集、归类、分析和共享,降低各部门信息收集与交互成本,夯实跨部门、跨行业协同监管基础,提高协同监管工作效率。

第四,构建基于数据指标分析的激励性监管机制。《国务院办公厅关于促进平台经济规范健康发展的指导意见》明确指出,要落实和完善包容审慎监管要求,探索适应新业态特点、有利于公平竞争的公正监管办法。建议创设平台企业激励性评比指标,引导平台企业从依靠市场垄断、与民争利的增长模式,向依靠科技创新、树立高度的社会责任感的发展模式转变。除此以外,还须引导企业树立正确的技术伦理观,摈弃片面追求最大利润和最高效率的价值取向,营造全产业链和谐共进的健康发展氛围。

参考文献

白让让,王伟光.结构重组、规制滞后与纵向圈定:中国电信、联通"反垄断"案例的若干思考[J].中国工业经济,2012,(10):135-147.

曹虹剑,罗能生.标准化与兼容理论研究综述[J].科学学研究,2009,27(3):356-362.

曹俊浩,陈宏民,石彼得.基于双边市场理论的B2B垄断平台自网络外部性分类及其强度研究[J].上海交通大学学报,2010,44(12):1661-1664.

陈富良,郭兰平.负的组内网络外部性下双边平台定价策略研究[J].江西财经大学学报,2014,(1):25-34.

陈富良,王林.网络规制背景的网络中立及互联网产业链变革[J].改革,2013,(2):37-45.

陈景信,代明.中国创业绩效的时空演变与测度分析[J].经济经纬,2020,37(2):1-8.

陈林.公平竞争审查、反垄断法与行政性垄断[J].学术研究,2019,(1):106-113.

陈朋,熊励,杨璐.数字内容平台收费模式对消费者行为的影响研究[J].管理工程学报,2018,32(3):134-141.

陈永伟.平台反垄断问题再思考:"企业-市场二重性"视角的分析[J].竞争政策研究,2018,(5):25-34.

陈艳莹,李鹏升.认证机制对"柠檬市场"的治理效果:基于淘宝网金牌卖家认证的经验研究[J].中国工业经济,2017,(9):137-155.

程贵孙.单边收费还是双边收费:双边市场中媒体定价模式选择[J].管理工程学报,2011,25(1):203-208.

程贵孙,陈宏民,孙武军.网络外部性与企业纵向兼并分析[J].中国管理科学,2005,(6):131-135.

程贵孙,陈宏民,孙武军.双边市场下电视传媒平台兼并的福利效应分析[J].管理科学学报,2009,12(2):9-18.

崔秀梅,刘阳.基于双边市场理论的第三方电子商务平台定价策略研究[J].经营与管理,2020(5):54-57.

单姗,曲创.平台厂商市场势力的判定:提价能力的适用性分析[J].福建师范大学学报(哲学社会科学版),2017,(1):87-94.

董亮,赵健.双边市场理论:一个综述[J].世界经济文汇,2012,(1):53-61.

郭水文,肖文静.网络效应的作用机制研究[J].经济评论,2011,(4):14-22.

胡晓鹏.马云现象的经济学分析:互联网经济的八个关键命题[M].上海:上海社会科学院出版社,2016.

黄浩.匹配能力、市场规模与电子市场的效率:长尾与搜索的均衡[J].经济研究,2014,49(7):165-175.

霍红,白艺彩,吴绒等.基于双边市场的视频平台收入模式:免费与付费的均衡[J].产经评论,2019,10(6):20-30.

纪汉霖.双边市场定价方式的模型研究[J].产业经济研究,2006,(4):1-20.

纪汉霖,管锡展.纵向一体化结构下的双边市场定价策略[J].系统工程理论与实践,2008,(9):52-58.

纪汉霖,王小芳.平台差异化且用户部分多归属的双边市场竞争[J].系统工程理论与实践,2014,34(6):1398-1406.

蒋传海.网络效应、转移成本和竞争性价格歧视[J].经济研究,2010,45(9):55-66.

荆文君.互联网行业的市场结构特征及其福利影响研究[D].中央财经大学,2018.

寇宗来,李三希.线上线下厂商竞争:理论和政策分析[J].世界经济,2018,41(6):173-192.

李海舰,田跃新,李文杰.互联网思维与传统企业再造[J].中国工业经济,2014,(10):135-146.

李庆满,杨皎平,赵宏霞.集群内外竞争、标准网络外部性对标准联盟组建意愿和创新绩效的影响[J].管理科学,2018,31(2):45-58.

李维安,吴德胜,徐皓.网上交易中的声誉机制——来自淘宝网的证据[J].南开管理评论,2007(5):36-46.

刘大为.考虑用户心理成本的平台收费模式选择[J].产经评论,2020,11(4):16-25.

刘刚.影响企业创新的内外部因素研究[J].上海管理科学,2019,41(1):92-98.

刘洪波.互联网平台的非价格竞争策略研究[D].山东大学,2019.

刘向东,李子文,陈成漳.实体零售商该如何"触网"?——零售技术效率的视角[J].商业经济与管理,2017,(4):5-15.

卢向华,冯越.网络口碑的价值:基于在线餐馆点评的实证研究[J].管理世界,2009,(7):126-132.

陆伟刚.用户异质、网络非中立与公共政策:基于双边市场视角的研究[J].中国工业经济,2013,(2):58-69.

罗珉,李亮宇.互联网时代的商业模式创新:价值创造视角[J].中国工业经济,2015,(1):95-107.

曼昆.经济学原理[M].梁砾,梁小民,译.北京:北京大学出版社,2017.

戚聿东,李颖.新经济与规制改革[J].中国工业经济,2018,(3):5-23.

钱炳,周勤.声誉溢价是否总是存在:来自淘宝网的实证研究[J].产业经济研究,2012,(2):87-94.

乔岳,张兴文.并购反垄断执法中相关市场界定:基于商务部反垄断局审查案例的研究[J]. 财经问题研究,2016,(5):30-36.

曲创,刘重阳. 平台厂商市场势力测度研究:以搜索引擎市场为例[J]. 中国工业经济,2016,(2):98-113.

曲创,刘洪波. 平台非中立性策略的圈定效应:基于搜索引擎市场的试验研究[J]. 经济学动态,2017,(1):28-40.

曲创,刘伟伟. 双边市场中平台搭售的经济效应研究[J]. 中国经济问题,2017,(5):70-82.

曲创,杨超,臧旭恒. 双边市场下大型零售商的竞争策略研究[J]. 中国工业经济,2009,(7):67-75.

曲振涛,周正,周方召. 网络外部性下的电子商务平台竞争与规制:基于双边市场理论的研究[J]. 中国工业经济,2010,(4):120-129.

苏强,吴海龙,秦星红,窦惠婷,韦娜. 职业差评师的产生机理与治理策略研究:以淘宝C2C交易平台为例[J]. 南开管理评论,2014,17(4):151-160.

孙浦阳,张靖佳,姜小雨. 电子商务、搜寻成本与消费价格变化[J]. 经济研究,2017,52(7):139-154.

田红彬,杨秀云,田启涛. 数字经济时代零售业态演化与企业绩效实证研究[J]. 经济经纬,2021,(3):1-14.

田洪刚. 平台企业对产业链重塑的影响研究[D]. 山东大学,2017.

万兴,杨晶. 互联网平台选择、纵向一体化与企业绩效[J]. 中国工业经济,2017,(7):156-174.

王宝义. 我国"新零售"实践回顾与展望:基于上半场"需求端"与下半场"供给端"转型期视角[J]. 中国流通经济,2019,33(3):19-30.

王国顺,王瑾. 网络零售的经济学分析[J]. 北京工商大学学报(社会科学版),2021,36(1):105-113.

王节祥,陈威如,江诗松,刘双. 平台生态系统中的参与者战略:互补与依赖关系的解耦[J]. 管理世界,2021,37(2):126-147.

汪旭晖,张其林. 平台型网络市场"平台—政府"双元管理范式研究:基于阿里巴巴集团的案例分析[J]. 中国工业经济,2015,(3):135-147.

王燕,臧旭恒. 经营者集中反垄断审查事后评估:基于我国商务部无条件通过的案例[J]. 社会科学研究,2018,(2):55-63.

王勇,冯弊. 平台经济的双重监管:私人监管与公共监管[J]. 经济学家,2017,(11):73-80.

王宇,王梅,黄广映. 平台可以做到大而美吗——不同排序机制下的厂商质量选择研究[J]. 中国工业经济,2019(4):155-173.

闻中,陈剑. 网络效应与网络外部性:概念的探讨与分析[J]. 当代经济科学,2000,(6):13-20.

吴德胜,李维安. 声誉、搜索成本与网上交易市场均衡[J]. 经济学(季刊),2008,(4):1437-1458.

吴德胜,任星耀.网上拍卖交易机制有效性研究:来自淘宝网面板数据的证据[J].南开管理评论,2013,16(1):122-137.

吴汉洪,孟剑.双边市场理论与应用述评[J].中国人民大学学报,2014,28(2):149-156.

吴义爽,孙方正.平台生态系统研究综述及展望:基于CITESPACE的知识图谱分析[J].安庆师范大学学报(社会科学版),2020,39(4):66-78.

夏德建,王勇.不同交易收费类型组合的电商平台双边定价及影响研究[J].软科学,2018,32(7):118-121.

肖红军,阳镇.平台型企业社会责任治理:理论分野与研究展望[J].西安交通大学学报(社会科学版),2020,40(1):57-68.

谢莉娟,张昊.国内市场运行效率的互联网驱动:计量模型与案例调研的双重验证[J].经济理论与经济管理,2015,(9):40-55.

胥莉,陈宏民,潘小军.消费者多方持有行为与厂商的兼容性选择:基于双边市场理论的探讨[J].世界经济,2006,(12):28-40.

胥莉,陈宏民,潘小军.具有双边市场特征的产业中厂商定价策略研究[J].管理科学学报,2009,12(3):10-17.

徐璐,叶光亮.竞争政策与跨国最优技术授权策略[J].经济研究,2018,53(2):93-108.

肖兴志,韩超.中国垄断产业改革与发展40年:回顾与展望[J].经济与管理研究,2018,39(7):3-13.

薛有志,郭勇峰.C2C电子商务卖家的竞争战略研究:基于淘宝网的分析[J].南开管理评论,2012,13(3):129-140.

闫雪凌,林建浩.产品竞争中的策略互动行为特征:基于我国三大省级卫视的实证研究[J].产业经济研究,2017,(3):62-74.

杨蕙馨,王硕,冯文娜.网络效应视角下技术标准的竞争性扩散:来自iOS与Android之争的实证研究[J].中国工业经济,2014,(9):135-147.

殷红.网络交易中信誉价值的影响因素研究:基于淘宝网的实证分析[J].商业经济与管理,2017,(7):16-28.

叶琼伟,张谦,杜萌,宋光兴.基于双边市场理论的社交网络广告定价分析[J].南开管理评论,2016,19(1):169-178.

余文涛.地理租金、网络外部性与互联网平台经济[J].财经研究,2019,45(3):141-153.

占永志,陈金龙.供应链金融平台双边利率动态定价策略研究[J].工业工程与管理,2020,25(4):140-149.

张凯,李华琛,刘维奇.双边市场中用户满意度与平台战略的选择[J].管理科学学报,2017,20(6):42-63.

张卫东,耿笑.网络市场价格离散问题研究评述[J].国外社会科学,2014,(4):91-97.

张五常.经济解释[M].北京:中信出版社,2015.

张璇,廖昕,费捷.基于用户忠诚度的 P2P 网贷平台动态竞争定价策略研究[J].浙江金融,2019(1):58-67.

张翼飞,陈宏民.信息服务平台市场规模与定价关系研究:兼析信息服务平台合并的市场影响[J].价格理论与实践,2019,(2):108-111.

郑海英.数字经济时代电商平台定价策略选择研究:基于价格透明度的分析[J].价格理论与实践.2019(11):121-124.

仲春.搜索引擎排序权的滥用与规制研究[J].竞争政策研究,2016,(1):35-42.

周文娟.网络外部性及其引起的市场失灵文献综述[J].中国物价,2014,(11):37-39.

Adner R. Ecosystem as structure: An actionable construct for strategy[J]. Journal of Management, 2017, 43(1):39-58.

Akerlof G A. The market for "Lemons": Quality uncertainty and the market mechanism[J]. The Quarterly Journal of Economics, 1970, 84(3):488-500.

Ammori M. Failed analogies: Net neutrality versus searched platform neutrality[R]. SSRN Working Paper, 2016, No. 2756093.

Anderson Jr E G, Parker G G, Tan B. Platform performance investment in the presence of network externalities[J]. Information Systems Research, 2013, 25(1):152-172.

Anderson S P, Foros O, Kind H J. Competition for advertisers and for viewers in media markets[J]. The Economic Journal, 2018, 128(608):34-54.

Arbatskaya M. Ordered search[J]. The Rand Journal of Economics, 2007, 38(1):119-126.

Armstrong M. Competition in two-sided markets [J]. The RAND Journal of Economics, 2006, 37(3):668-691.

Armstrong M. Ordered consumer search[J]. Journal of the European Economic Association, 2017, 15(5):989-1024.

Armstrong M, Vickers J, Zhou J. Prominence and consumer search[J]. The RAND Journal of Economics, 2009, 40(2):209-233.

Armstrong M, Wright J. Two-sided markets, competitive bottlenecks and exclusive contracts[J]. Economic Theory, 2007, 32(2):353-380.

Armstrong M, Zhou J. Paying for prominence[J]. The Economic Journal, 2011, 121(556):368-395.

Bakos Y. Reducing buyer search costs: Implications for electronic marketplaces[J]. Management Science, 1997, 43(12):1676-1692.

Belleflamme P, Toulemonde E. Negative intra-group externalities in two-sided markets[J]. International Economic Review, 2009, 50(1):245-272.

Belleflamme P, Peitz M. Managing competition on a two-sided platform[J]. Journal of Economics & Management Strategy, 2019, 28(1):5-22.

Bernstein F, Song J S, Zheng X N. "Bricks-and-mortar" vs. "clicks-and-mortar": An equilibrium analysis[J]. European Journal of Operational Research, 2008, 187(3): 671-690.

Bourreau M, Lestage R. Net neutrality and asymmetric platform competition[R]. SSRN Working Paper, 2017, No. 2962401.

Budzinski O K, Hler K H. Is Amazon the next Google? [J]. Social Science Electronic Publishing, 2015, 66(1): 263-288.

Burdett K, Judd K L. Equilibrium price dispersion[J]. Econometrica, 1983, 51(4): 955-970.

Caillaud B, Jullien B. Chicken &. egg: competition among intermediation service providers[J]. The RAND Journal of Economics, 2003, 34(2): 309-328.

Calzada J, Tselekounis M. Net neutrality in a hyper-linked Internet economy[J]. International Journal of Industrial Organization, 2018, 59: 190-221.

Cennamo C, Santalo J. Platform competition: Strategic trade-offs in platform markets [J]. Strategic Management Journal, 2013, 34(11): 1331-1350.

Chen Yuxin, Yao S. Sequential search with refinement: Model and application with click-stream data[J]. Management Science, 2016, 63(12): 4345-4365.

Chintakananda A, Mcintyre D P. Market entry in the presence of network effects: A real options perspective[J]. Journal of Management, 2014, 40(6): 1535-1557.

Clay K, Krishnan R, Wolff E. Prices and price dispersion on the Web: Evidence from the online book industry[J]. Journal of Industrial Economics, 2001, 49(4): 521-539.

Clay K, Krishnan R, Fernandez D. Retail strategies on the Web: Price and non-price competition in the online book industry[J]. Journal of Industrial Economics, 2002, 50: 351-367.

Clemons E, Hann I, Lorin M H. The nature of competition in electronic markets: An empirical investigation of online travel agent offerings[J]. Management Science, 2000, 46 (4): 256-283.

Corniere A D, Taylor G. Integration and search engine bias[J]. The Rand Journal of Economics, 2014, 45(3): 576-597.

Coucheney P, D'acquisto G, Maille P, et al. Influence of search neutrality on the economics of advertisement-financed content [J]. ACM Transactions on Internet Technology, 2014, 14(2-3): 1001-1021.

Crane D A. Search neutrality and referral dominance[J]. Journal of Competition, 2012a, 8(3): 459-468.

Crane D A. Search neutrality as an antitrust principle[J]. George Mason Law Review, 2012b, 19(5): 1199-1210.

Crane D A. After search neutrality: drawing a line between promotion and demotion [J]. Journal of Law and Policy for the Information Society, 2014, 9(3): 397-406.

David P M, Subramaniam M. Strategy in network industries: A review and research agenda[J]. Journal of Management, 2009, 35(6): 1494-1517.

De los Santos B. Consumer search on the Internet[J]. International Journal of Industrial Organization, 2018, 58: 66-105.

De los Santos B, Hortacsu A, Wildenbeest M R. Testing models of consumer search using data on web browsing and purchasing behavior[J]. American Economic Review, 2012, 102(6): 2955-2980.

De los Santos B, Koulayev S. Optimizing click-through in online rankings for partially anonymous consumers[J]. Marketing Science, 2017, 36(4): 542-564.

Dinerstein M, Einav L, Levin J, et al. Consumer price search and platform design in Internet commerce[J]. The American Economic Review, 2018, 108(7): 1820-1859.

Dutta R, Jarvenpaa S, Tomak K. Behavioral economics of digital content[C]// European Conference on Information Systems(ECIS)2004 Proceedings. 33.

Edelman B. Bias in search results: diagnosis and response[J]. Indian Journal of Law and Technology, 2011, 7(1): 16-32.

Edelman B. Does Google leverage market power through tying and bundling? [J]. Journal of Competition Law & Economics, 2015, 11(2): 365-400.

Edelman B, Lai Z. Exclusive preferential placement as search diversion: evidence from flight search[R]. Harvard Business School Working Paper, 2013.

Edelman B, Lai Z. Design of search engine services: channel interdependence in search engine results[J]. Journal of Marketing Research, 2016, 53(6): 881-900.

Eisenmann T R. Managing networked businesses[M]. Harvard Business School Publishing, 2007, No. 5807104.

Ellison G, Ellison S F. Search, obfuscation, and price elasticities on the Internet[J]. Economitrica, 2009, 77(2): 427-452.

Evans D. Economics of vertical restraints for multi-sided platforms[J]. Competition Policy International, 2013, 9(1): 66-89.

Evans D S. The antitrust economics of multi-sided platform markets[J]. Yale Journal on Regulation, 2003, 20(2): 325-381.

Evans D S. The economics of the online advertising industry[J]. Review of Network Economics, 2008, 7(3): 359-391.

Evans D S. The antitrust economics of free[J]. Competition Policy International, 2011, 7(1): 71-89.

Evans D S, Noel M D. The analysis of mergers that involve multi-sided platform businesses[J]. Journal of Competition Law & Economics, 2008, 4(3): 663-695.

Evans D S, Schmalensee R. The industrial organization of markets with two-sided platforms[R]. National Bureau of Economic Research, 2005.

Evans D S, Schmalensee R. Markets with two-sided platforms[R]. ERN: Antitrust, 2008.

Feinberg R M, Johnson W R. The superiority of sequential search: A calculation[J]. Southern Economic Journal, 1977, 43(4): 1594-1598.

Filistrucchi L, Gerardin D, Dammevan E V, et al. Mergers in two-sided markets[R]. Nederlande Mededinging sautoriteit, 2010.

Filistrucchi L, Klein T J, Michielsen T O. Assessing unilateral merger effects in a two-sided market: An application to the dutch daily newspaper market[J]. Journal of Competition Law and Economics, 2012, 8(2): 297-329.

Filistrucchi L. How many markets are two-sided? [J]. Antitrust Chronicle, 2011, 7(2): 1-20.

Filistrucchi L, Geradin D, Damme E V, et al. Market definition in two-sided markets: Theory and practice[J]. Journal of Competition Law & Economics, 2014, 10(2): 293-339.

Fishman A, Lubensky D. Search prominence and return costs[J]. International Journal of Industrial Organization, 2018, 58: 136-161.

Fuentelsaz L, Garrido E, Maicas J P. Incumbents, technological change and institutions: How the value of complementary resources varies across markets [J]. Strategic Management Journal, 2015, 36(12): 1778-1801.

Gawer A. Bridging differing perspectives on technological platforms: Toward an integrative framework[J]. Research Policy, 2014, 43(7): 1239-1249.

Gensler S, Leeflang P, Skiera B. Impact of online channel use on customer revenues and costs to serve: Considering product portfolios and self-selection [J]. International Journal of Research in Marketing, 2012, 29(2): 192-201.

Ghose A, Yang S. An empirical analysis of search engine advertising: Sponsored search in electronic markets[J]. Management Science, 2009, 55(10): 1605-1622.

Gil R, Warzynski F. Vertical integration, exclusivity, and game sales performance in the US video game industry[J]. The Journal of Law, Economics, and Organization, 2015, 31(1): 143-168.

Glazer R. Measuring the knower: Towards a theory of knowledge equity [J]. California Management Review, 1998, 40(3): 175-194.

Goldman E. Search engine bias and the demise of search engine utopianism[J]. Yale Journal of Law and Technology, 2006, 8: 188-200.

Goldman E. Revisiting search engine bias contemporary issues in cyberlaw [J]. William Mitchell Law Review, 2011, 38(1): 96-110.

Grimmelmann J. Some skepticism about search neutrality[R]. SSRN Working Paper, 2011, No. 1742444.

Hagiu A. Pricing and commitment by two-sided platforms[J]. The RAND Journal of Economics, 2006, 37(3): 720-737.

Hagiu A, Halaburda H. Information and two-sided platform profits[J]. International

Journal of Industrial Organization, 2014, 34: 25-35.

Hagiu A, Jullien B. Why do intermediaries divert search? [J]. The BAND Journal of Economics, 2011, 42(2): 337-362.

Hermalin B E, Katz M L. The economics of product-line restrictions with an application to the network neutrality debate[J]. Information Economics and Policy, 2007, 19(2): 215-248.

Hermalin B E, Katz M L. What's so special about two-sided markets? [R]. SSRN Working Paper, 2016, No. 2776226.

Hovenkamp E, Cotter T F. Anticompetitive patent injunctions[C]//Minnesota Law Review, Social Science Electronic Publishing, 2016: 871-920.

Jacobides M G, Cennamo C, Gawer A. Towards a theory of ecosystems[J]. Strategic Management Journal, 2018, 39: 2255-2276.

Jullien B. Competition in multi-sided markets: Divide and conquer[J]. American Economic Journal: Microeconomics, 2011, 3(4): 186-219.

Katz M L. Wither U. S. net neutrality regulation? [J] Review of Industrial Organization, 2017, 50(4): 441-468.

Katz M, Shapiro C. Network externalities, competition, and compatibility[J]. The American Economic Review, 1985, 75(3): 424-440.

Kim J B, Albuquerque P, Bronnenberg B J. Online demand under limited consumer search[J]. Marketing Science, 2010, 29(6): 1001-1023.

Lao M. Neutral search as a basis for antitrust action? [R]. SSRN Working Paper, 2013, No. 2245295.

Li C, Zhang J. Program quality competition in broadcasting markets[J]. Journal of Public Economic Theory, 2016, 18(4): 666-689.

Li Z, Agarwal A. Platform integration and demand spillovers in complementary markets: Evidence from facebook's integration of instagram[J]. Management Science, 2016, 63(10): 3438-3458.

Lin M, Li S, Whinston A B. Innovation and price competition in a two-sided market [J]. Journal of Management Information Systems, 2011, 28(2): 171-202.

Lippman S A, McCall J J. The economics of job search: A survey[J] Economic Inquiry, 1976, 6: 155-189.

Liu Z, Qiao Y. Vertical restraints, the sylvania case, and China's antitrust enforcement[J]. Review of Industrial Organization, 2016, 51(2): 193-215.

MacMinn R D. Search and market equilibrium[J]. Journal of Political Economy, 1980, 88: 308-327.

Malone T W, Yates J, Benjamin R, et al. Electronic markets and electronic hierarchies[J]. Communications of the ACM, 1987, 30(6): 484-497.

Manne G A, Wright J D. If search neutrality is the answer, what's the question[J].

Columbia Business Law Review, 2012(1): 151-139.

McCall J. Economics of information and job search[J]. Quarterly Journal of Economics, 84(1): 113-126.

Morgan P, Manning R. Optimal search[J]. Econometrica, 1985, 53(4): 923-944.

Mortensen D T. Job search, the duration of unemployment and the phillips curve[J]. The American Economic Review, 1970, 60(5): 847-862.

Motty Perry, Avi Wigderson. Search in a known pattern[J]. Journal of Political Economy, 1986, 94(1): 225-230.

Narayanan S, Kalyanam K. Position effects in search advertising and their moderators: a regression discontinuity approach[J]. Marketing Science, 2015, 34(3): 388-407.

Novarese M, Wilson C M. Being in the right place: a natural field experiment on list position and consumer choice[R]. MPRA Working Paper, 2013.

Philip O'Reilly, Finnegan P. Electronic marketplaces: Focus and operational characteristics[J]. Scandinavian Journal of Information Systems, 2009, 21(2): 91-110.

Pan X, Ratchford B T, Shankar V. Why aren't the prices of the same item the same at Me. com and You. com?: Drivers of price dispersion among E-Tailers[R]. SSRN Electronic Journal, 2003.

Parker G G, Van Alstyne M W. Two-sided network effects: a theory of information product design[J]. Management Science, 2005, 1(10): 1494-1504.

Perry M, Wigderson A. Search in a known pattern[J]. Journal of Political Economy, 1986, 94(1): 225-230.

Rabby F, Shahriar Q. Non-neutral and asymmetric effects of neutral ratings: evidence from eBay[J]. Managerial and Decision Economics, 2016, 37(2): 95-105.

Reggiani C, Valletti T. Net neutrality and innovation at the core and at the edge[J]. International Journal of Industrial Organization, 2016, 45: 16-27.

Rhodes A. Can prominence matter even in an almost frictionless market?[J]. Economic Journal, 2011, 121(556): 297-308.

Rochet J C, Tirole J. Tying in two-sided markets and the honor all cards rule[J]. International Journal of Industrial Organization, 2008, 26(6): 1333-1347.

Rochet J C, Tirole J. Two-sided markets: An overview[R]. Instititued Economic Industrille Working Paper, 2004.

Rochet J C, Tirole J. Platform competition in two-sided markets[J]. Journal of the European Economic Association, 2003, 1(4): 990-1029.

Rochet J C Tirole J. Two-sided markets: An overview[R]. IDEI Working Paper, 2004.

Rochet J C, Tirole J. Two-sided markets: A progress report[J]. The RAND Journal of Economics, 2006, 37(3): 645-667.

Rohlfs J. A theory of interdependent demand for a communications service[J]. Bell Journal of Economics & Management Science, 1974, 5(1): 16 - 37.

Roson R. Two-sided markets: A tentative survey[J]. Review of Network Economics, 2005, 4(2): 247 - 258.

Rutz O J, Bucklin R E, Sonnier G P. A latent instrumental variables approach to modeling keyword conversion in paid search advertising [J]. Journal of Marketing Research, 2012, 49(3): 306 - 319.

Rysman M. Competition between networks: A study of the market for yellow pages [J]. The Review of Economic Studies, 2004, 71(2): 483 - 512.

Rysman M. An empirical analysis of payment card usage[J]. The Journal of Industrial Economics, 2007, 55(1): 1 - 36.

Rysman M. The economics of two-sided markets[J]. The Journal of Economic Perspectives, 2009, 23(3): 125 - 143.

Scholten P A, Smith A. Price dispersion then and now: evidence from retail and E-tail Markets[C]//The Economics of the Internet and E-commerce: Advances in Applied Microeconomics, Oxford, UK, 2002: 63 - 88.

Soman D. The mental accounting of sunk time costs: Why time is not like money[J]. Journal of Behavioral Decision Making, 2001, 14(3): 169 - 185.

Song H. Ordered search with asymmetric product design[J]. Journal of Economics, 2017, 121(2): 108 - 132.

Spulber D F. Market microstructure: Intermediaries and the theory of the firm[M]. 1nd Edition. UK: Cambridge University Press, 1999.

Stigler G J. The economics of information[J]. Journal of Political Economy, 1961, 69(3): 213 - 225.

Suarez F. Network effects revisited: The role of strong ties in technology selection[J]. Academy of Management Journal, 2005, 48: 710 - 722.

Tan G, Zhou J. Price competition in mufti-sided markets[R]. SSRN Working Paper, 2017, No. 3052014.

Ursu R. The power of rankings: Quantifying the effect of rankings on online consumer search and purchase decisions[J]. Marketing Science, 2018, 37(4): 530 - 552.

Ursu R, Dzyabura D. Product rankings with consumer search[R]. SSRN Working Paper, 2018, No. 3284615.

Van Cayseele P, Vanormelingen S. Prices and network effects in two-sided markets: The belgian newspaper industry[R]. SSRN Working Paper, 2009, No. 1404392.

White A, Weyl E. Imperfect platform competition: A general framework[R]. NET Institute Working Paper, 2010, No. 3968855.

Wu T. Network neutrality, broadband discrimination [J]. Journal on Telecommunications & High Technology Law, 2003, 2: 141 - 176.

Yoo B, Kim K. Does popularity decide rankings or do rankings decide popularity? An investigation of ranking mechanism design [J]. Electronic Commerce Research and Applications, 2012, 11(1): 180-191.

Zhang K, Liu W. Price discrimination in two-sided markets[J]. South African Journal of Economic and Management Sciences, 2016, 19(1): 1-17.

Zhou J. Ordered search in differentiated markets [J]. International Journal of Industrial Organization, 2011, 29(2): 253-262.

Zhu F, Liu Q. When platform attack[J]. Harvard Business Review, 2015, 93(10): 30-31.

附　录

表1　淘宝市场份额"TOP20"店铺情况概览——母婴行业

母婴市场份额排名	成交量占比计算市场份额				收入占比计算市场份额			
	份额（%）	卖家类型	排序位置	前100位排序频次	份额（%）	卖家类型	排序位置	前100位排序频次
1	19.70	1	5	10	21.54	1	14	4
2	19.06	1	14	4	9.40	1	35	3
3	12.16	1	1 422	0	7.67	1	5	10
4	7.80	1	7	4	6.31	1	1 422	0
5	6.63	1	2	5	5.10	1	25	4
6	5.79	0	1 421	0	4.19	1	48	3
7	3.47	1	828	0	3.32	1	39	4
8	1.79	1	228	0	2.79	1	90	1
9	1.76	1	12	1	2.57	1	7	4
10	1.15	1	1 424	0	2.01	1	18	4
11	0.82	0	17	1	1.71	1	2	5
12	0.78	1	85	1	1.62	0	195	0
13	0.75	1	1 427	0	1.47	0	24	1
14	0.71	1	6	1	1.33	0	203	0
15	0.66	1	25	4	1.29	1	368	0

续 表

母婴市场份额排名	成交量占比计算市场份额				收入占比计算市场份额			
	份额(%)	卖家类型	排序位置	前100位排序频次	份额(%)	卖家类型	排序位置	前100位排序频次
16	0.63	1	90	1	1.26	1	38	3
17	0.57	1	334	0	1.17	1	86	1
18	0.50	0	19	1	1.13	0	23	1
19	0.48	1	18	4	1.05	1	159	0
20	0.48	0	1 195	1	0.90	1	289	0
总计	85.70	16	—	38	77.81	16	—	48

注：笔者根据淘宝搜索结果计算整理，由于篇幅所限，此处仅列示份额最高的20家店铺数据，全表见附录。其中，天猫店铺的"卖家类型"记为1，淘宝店铺的"卖家类型"记为0；表中列示"排序位置"为该店铺首次出现在搜索结果中的排序位置，第1位记为1，第2位记为2，依次类推；"前100位排序频次"指的是搜索结果前100位中展示该店铺产品的次数，如未进入前100排序位，则记为0。

表2 淘宝市场份额"TOP20"店铺情况概览——服装行业

服装市场份额排名	成交量占比计算市场份额				收入占比计算市场份额			
	份额(%)	卖家类型	排序位置	前100位排序频次	份额(%)	卖家类型	排序位置	前100位排序频次
1	30.36	1	3	1	40.64	1	3	1
2	29.68	1	1	1	29.92	1	1	1
3	3.07	1	1 821	0	3.92	1	59	1
4	2.08	1	169	0	2.29	1	216	0
5	1.87	1	52	2	1.85	1	96	1
6	1.74	1	40	2	1.23	1	43	2
7	1.36	1	118	0	1.20	1	15	4
8	1.22	1	1 068	0	1.17	1	110	0

续 表

服装市场份额排名	成交量占比计算市场份额				收入占比计算市场份额			
	份额(%)	卖家类型	排序位置	前100位排序频次	份额(%)	卖家类型	排序位置	前100位排序频次
9	1.04	1	15	4	1.14	1	447	0
10	1.03	1	341	0	0.92	1	52	2
11	0.99	1	216	0	0.82	1	92	1
12	0.98	1	19	4	0.81	1	40	2
13	0.98	0	2 153	0	0.73	1	1 821	0
14	0.89	1	39	4	0.67	1	231	0
15	0.79	1	96	1	0.65	0	49	1
16	0.76	1	112	0	0.58	1	118	0
17	0.71	1	105	0	0.55	1	1 068	0
18	0.67	1	59	1	0.54	1	19	4
19	0.67	1	331	0	0.51	1	169	0
20	0.65	0	1 359	0	0.44	1	39	4
总计	81.54	18	—	20	90.58	19	—	24

注：笔者根据淘宝搜索结果计算整理，关于指标的具体说明见表1注释。

表3 淘宝市场份额"TOP20"店铺情况概览——家居用品行业

家居用品市场份额排名	成交量占比计算市场份额				收入占比计算市场份额			
	份额(%)	卖家类型	排序位置	前100位排序频次	份额(%)	卖家类型	排序位置	前100位排序频次
1	15.60	1	1 838	0	45.41	1	1	1
2	14.72	1	6	4	10.99	1	1 838	0

续 表

家居用品市场份额排名	成交量占比计算市场份额				收入占比计算市场份额			
	份额(%)	卖家类型	排序位置	前100位排序频次	份额(%)	卖家类型	排序位置	前100位排序频次
3	6.01	1	1	1	8.79	1	6	4
4	5.41	1	568	0	5.10	1	568	0
5	4.63	0	12	4	2.97	0	12	4
6	4.44	0	52	3	2.17	1	1 841	0
7	3.44	1	4	1	2.11	1	15	4
8	3.08	1	23	4	1.72	1	23	4
9	2.47	1	1 841	0	1.72	0	18	4
10	2.37	0	38	1	1.58	1	51	1
11	2.00	0	92	1	1.41	1	7	4
12	1.89	0	30	3	1.37	1	4	1
13	1.77	0	18	4	1.36	0	11	4
14	1.71	0	97	2	0.90	1	20	4
15	1.52	1	20	4	0.63	0	31	2
16	1.46	0	5	2	0.61	0	30	3
17	1.37	0	243	0	0.53	1	16	2
18	1.33	0	11	4	0.52	0	5	1
19	1.27	1	1 809	0	0.51	0	38	2
20	1.16	0	1 699	0	0.49	1	34	2
总计	77.64	9	—	38	90.90	13	—	47

注：笔者根据淘宝搜索结果计算整理，关于指标的具体说明见表1注释。

表4　淘宝市场份额"TOP20"店铺情况概览——珠宝配饰行业

珠宝配饰市场份额排名	成交量占比计算市场份额				收入占比计算市场份额			
	份额(%)	卖家类型	排序位置	前100位排序频次	份额(%)	卖家类型	排序位置	前100位排序频次
1	7.44	1	6	4	16.30	0	2 150	0
2	4.62	1	36	3	13.01	1	1 205	0
3	4.41	1	16	2	12.28	1	6	4
4	4.29	0	20	2	4.38	0	2 093	0
5	3.99	0	590	0	4.35	1	36	3
6	3.09	1	23	3	3.34	1	26	4
7	2.52	1	159	0	2.70	0	1 733	0
8	2.22	0	52	1	2.20	1	159	0
9	2.18	0	483	0	1.83	0	20	2
10	2.17	0	201	0	1.57	0	25	1
11	2.14	1	43	1	1.46	0	1 728	0
12	2.07	1	13	3	1.46	0	452	0
13	2.07	0	22	2	1.09	0	1 857	0
14	1.91	0	268	0	1.08	1	16	2
15	1.88	0	96	1	1.08	0	590	0
16	1.86	0	34	2	1.06	0	1 230	0
17	1.82	0	12	1	1.00	0	1 868	0
18	1.75	0	98	1	0.98	0	201	0
19	1.75	0	4	4	0.94	0	1 204	0
20	1.73	0	306	0	0.92	1	23	3
总计	55.91	7	—	30	73.03	7	—	19

注：笔者根据淘宝搜索结果计算整理，关于指标的具体说明见表1注释。

表 5　淘宝市场份额"TOP20"店铺情况概览——美容护理行业

美容护理市场份额排名	成交量占比计算市场份额 份额(%)	卖家类型	排序位置	前100位排序频次	收入占比计算市场份额 份额(%)	卖家类型	排序位置	前100位排序频次
1	21.13	1	10	4	58.97	1	49	2
2	10.12	1	22	1	11.13	1	10	4
3	8.00	1	49	2	6.32	1	51	2
4	4.34	1	34	1	2.90	1	3 835	0
5	3.83	0	2 155	0	2.45	1	34	1
6	2.48	1	1 471	0	1.40	0	395	2
7	2.22	1	23	2	1.25	1	22	1
8	1.87	1	1 475	0	1.18	1	3 833	0
9	1.74	1	3 263	0	0.84	0	9	1
10	1.72	0	1 476	0	0.60	0	14	1
11	1.70	0	1 706	0	0.52	0	40	1
12	1.68	0	142	0	0.48	1	3 263	0
13	1.43	0	1 485	0	0.45	0	12	1
14	1.20	0	601	0	0.43	0	50	2
15	1.14	0	396	0	0.42	0	190	0
16	1.06	0	1 488	0	0.39	1	2 339	0
17	1.02	1	1 380	0	0.38	0	666	0
18	0.94	1	1 483	0	0.31	1	1 380	0
19	0.93	0	1 467	0	0.29	0	183	0
20	0.88	0	50	2	0.25	1	24	1
总计	69.42	10	—	12	90.96	11	—	19

注：笔者根据淘宝搜索结果计算整理，关于指标的具体说明见表1注释。

表6 淘宝市场份额"TOP20"店铺情况概览——运动户外行业

运动户外市场份额排名	成交量占比计算市场份额				收入占比计算市场份额			
	份额(%)	卖家类型	排序位置	前100位排序频次	份额(%)	卖家类型	排序位置	前100位排序频次
1	34.51	1	24	3	44.60	1	24	3
2	21.00	1	93	1	25.89	1	93	1
3	14.87	1	94	1	8.89	1	94	1
4	7.78	1	2	5	4.13	1	50	3
5	1.43	1	505	0	3.11	1	8	4
6	1.41	0	7	1	1.99	1	2	5
7	1.02	1	18	4	1.32	1	49	1
8	0.95	1	50	3	0.83	1	16	4
9	0.92	1	23	4	0.51	1	18	4
10	0.71	1	16	4	0.51	1	15	2
11	0.69	1	227	0	0.51	1	12	2
12	0.63	1	31	3	0.48	1	31	3
13	0.63	1	13	1	0.40	1	3	5
14	0.61	0	504	0	0.31	1	32	2
15	0.59	1	3	5	0.27	1	1	1
16	0.53	1	42	3	0.26	0	5	2
17	0.52	0	733	0	0.25	1	22	4
18	0.50	1	22	4	0.25	1	227	0
19	0.41	1	49	1	0.24	1	26	1
20	0.40	1	448	0	0.23	1	35	3
总计	90.11	17	—	43	94.98	19	—	51

注：笔者根据淘宝搜索结果计算整理,关于指标的具体说明见表1注释。

表 7　淘宝市场份额"TOP20"店铺情况概览——食品保健行业

食品保健市场份额排名	成交量占比计算市场份额 份额（%）	卖家类型	排序位置	前100位排序频次	收入占比计算市场份额 份额（%）	卖家类型	排序位置	前100位排序频次
1	51.38	1	138	0	54.09	1	138	0
2	11.68	1	1 798	0	10.04	1	1 798	0
3	5.25	1	1	3	4.77	1	50	2
4	3.22	1	665	0	3.68	1	665	0
5	1.50	1	970	0	2.24	1	1	3
6	1.49	1	923	0	1.51	1	51	2
7	1.41	1	50	2	1.10	1	881	0
8	1.32	1	163	0	0.81	1	1 036	0
9	1.22	1	881	0	0.80	1	139	0
10	0.88	1	54	1	0.71	1	882	0
11	0.58	1	1 036	0	0.58	1	1 316	0
12	0.58	1	23	1	0.40	1	2 097	0
13	0.58	1	1 638	0	0.39	1	1 638	0
14	0.58	1	139	0	0.37	1	4	1
15	0.54	1	14	3	0.37	1	932	0
16	0.40	1	897	0	0.34	1	917	0
17	0.37	1	1 963	0	0.32	1	944	0
18	0.34	0	901	0	0.32	1	970	0
19	0.34	1	922	0	0.30	1	5	2
20	0.33	1	4	1	0.28	1	69	2
总计	83.99	19	—	11	83.40	20	—	12

注：笔者根据淘宝搜索结果计算整理，关于指标的具体说明见表1注释。

表8 京东市场份额"TOP20"店铺情况概览——母婴行业

母婴市场份额排名	成交量占比计算市场份额				收入占比计算市场份额			
	份额(%)	卖家类型	排序位置	前100位排序频次	份额(%)	卖家类型	排序位置	前100位排序频次
1	49.72	1	3	14	58.65	1	3	14
2	26.74	1	2	7	20.90	1	2	7
3	6.21	1	83	1	6.84	1	83	1
4	2.30	1	105	0	4.20	1	105	0
5	1.44	1	1	5	0.60	1	8	1
6	1.18	1	24	1	0.59	1	291	0
7	1.03	1	119	0	0.53	1	18	1
8	0.76	1	291	0	0.46	1	184	0
9	0.47	0	442	0	0.40	1	1	5
10	0.46	1	17	2	0.37	1	143	0
11	0.44	1	184	0	0.36	1	119	0
12	0.40	0	210	0	0.36	0	442	0
13	0.38	1	143	0	0.29	0	134	0
14	0.36	1	8	1	0.25	1	24	1
15	0.32	0	32	1	0.21	0	463	0
16	0.29	0	463	0	0.20	0	32	1
17	0.28	1	82	1	0.18	1	179	0
18	0.26	0	167	1	0.16	0	23	4
19	0.26	0	45	0	0.15	0	633	0
20	0.23	1	292	1	0.14	1	349	0
总计	93.52	14	—	36	95.86	13	—	35

注：笔者根据京东搜索结果计算整理。其中，京东自营店铺的"卖家类型"记为1，非自营店铺的"卖家类型"记为0；表中列示"排序位置"为该店铺首次出现在搜索结果中的排序位置，第1位记为1，第2位记为2，依次类推；"前100位排序频次"指的是搜索结果前100位中展示该店铺产品的次数，如未进入前100排序位，则记为0。

表 9　京东市场份额"TOP20"店铺情况概览——电脑办公行业

电脑办公市场份额排名	成交量占比计算市场份额				收入占比计算市场份额			
	份额(%)	卖家类型	排序位置	前100位排序频次	份额(%)	卖家类型	排序位置	前100位排序频次
1	14.56	1	91	1	10.38	1	2	15
2	8.29	1	497	0	8.69	1	39	1
3	6.89	1	2	15	7.18	1	3	10
4	6.38	1	39	1	4.37	1	91	1
5	4.44	1	3	10	3.64	1	45	5
6	3.17	1	47	3	3.31	1	47	3
7	2.18	1	22	2	3.15	1	9	5
8	2.09	1	31	1	2.98	1	497	0
9	2.01	1	45	5	2.93	0	302	0
10	1.94	1	9	5	2.74	1	38	3
11	1.93	1	388	0	2.49	0	409	0
12	1.79	1	93	1	2.24	1	93	1
13	1.77	1	574	0	2.15	1	22	2
14	1.71	0	323	0	1.80	0	323	0
15	1.71	0	302	0	1.75	1	31	1
16	1.66	0	956	0	1.65	0	139	0
17	1.34	1	38	3	1.37	1	622	0
18	1.32	1	389	0	1.09	0	131	0
19	1.30	0	409	0	1.07	0	710	0
20	1.19	0	710	0	1.01	0	303	0
总计	67.66	15	—	47	65.99	13	—	47

注：笔者根据京东搜索结果计算整理，关于指标的具体说明见表8注释。

表10 京东市场份额"TOP20"店铺情况概览——家居用品行业

家居用品市场份额排名	成交量占比计算市场份额				收入占比计算市场份额			
	份额(%)	卖家类型	排序位置	前100位排序频次	份额(%)	卖家类型	排序位置	前100位排序频次
1	5.44	1	51	1	9.43	1	760	0
2	3.68	1	5	1	5.92	0	75	2
3	3.08	1	38	2	4.03	0	6	1
4	3.05	0	6	1	3.91	0	4	3
5	2.82	0	24	1	3.08	1	51	1
6	2.61	1	630	0	2.42	0	3	14
7	2.58	1	18	2	2.27	0	566	0
8	2.35	1	760	0	2.05	0	242	0
9	2.34	1	171	0	1.92	1	38	2
10	2.21	0	3	14	1.70	1	18	2
11	2.12	0	75	2	1.51	0	352	0
12	2.06	0	4	3	1.41	1	123	0
13	1.96	0	352	0	1.35	0	4	3
14	1.93	0	17	3	1.35	0	201	0
15	1.74	1	228	0	1.30	0	110	0
16	1.67	0	429	0	1.30	0	2	3
17	1.43	0	242	0	1.28	0	650	0
18	1.36	0	105	0	1.28	1	317	0
19	1.30	1	213	0	1.25	1	630	0
20	1.26	1	192	0	1.17	0	303	0
总计	46.99	10	—	30	49.91	7	—	31

注：笔者根据京东搜索结果计算整理，关于指标的具体说明见表8注释。

表 11 京东市场份额"TOP20"店铺情况概览——美容护理行业

美容护理市场份额排名	成交量占比计算市场份额				收入占比计算市场份额			
	份额(%)	卖家类型	排序位置	前100位排序频次	份额(%)	卖家类型	排序位置	前100位排序频次
1	29.16	1	11	11	22.51	1	11	11
2	24.58	1	2	3	14.54	0	23	5
3	6.80	1	21	1	6.63	1	26	5
4	5.87	1	5	2	4.66	1	2	3
5	2.68	0	116	0	3.74	1	40	1
6	2.33	1	40	1	3.51	1	5	2
7	2.33	1	31	1	3.38	1	1	2
8	1.96	1	90	1	2.13	0	82	1
9	1.49	1	10	1	2.06	0	17	3
10	1.12	0	82	1	1.99	0	157	0
11	1.08	1	41	2	1.79	1	21	1
12	1.02	1	171	0	1.74	1	73	2
13	0.95	1	73	2	1.51	0	4	1
14	0.93	0	65	1	1.31	1	66	2
15	0.93	1	18	1	1.27	1	18	1
16	0.90	1	8	1	1.25	1	41	2
17	0.79	0	261	0	1.09	0	778	0
18	0.65	1	139	0	1.09	1	148	0
19	0.50	1	66	2	0.98	1	16	1
20	0.49	1	317	1	0.93	0	116	0
总计	86.56	16	—	32	78.11	12	—	43

注：笔者根据京东搜索结果计算整理，关于指标的具体说明见表8注释。

表 12　京东市场份额"TOP20"店铺情况概览——车品配饰行业

车品配饰市场份额排名	成交量占比计算市场份额 份额（%）	卖家类型	排序位置	前100位排序频次	收入占比计算市场份额 份额（%）	卖家类型	排序位置	前100位排序频次
1	13.96	1	2	7	10.31	0	814	0
2	7.57	0	3	10	6.75	1	2	7
3	5.63	0	8	2	6.24	0	337	0
4	4.58	0	54	1	4.44	0	8	2
5	3.61	0	93	1	3.89	0	584	0
6	3.27	0	373	0	3.23	0	3	10
7	3.18	0	26	6	2.12	0	1 834	0
8	2.54	0	15	10	2.10	0	93	1
9	1.99	0	814	0	2.04	0	14	2
10	1.96	0	50	1	1.90	0	360	0
11	1.89	0	1 974	1	1.71	0	630	0
12	1.73	0	132	0	1.68	0	50	1
13	1.69	0	14	2	1.67	0	83	2
14	1.46	0	630	0	1.51	0	1 464	0
15	1.46	0	584	0	1.39	0	348	0
16	1.44	0	63	3	1.27	0	54	1
17	1.30	0	102	0	1.22	0	111	0
18	1.27	0	389	0	1.21	0	15	10
19	1.15	0	360	0	1.17	0	373	0
20	1.14	0	295	0	1.11	0	1 218	0
总计	62.82	1	—	44	56.99	1	—	36

注：笔者根据京东搜索结果计算整理，关于指标的具体说明见表 8 注释。

表 13　京东市场份额"TOP20"店铺情况概览——运动户外行业

运动户外市场份额排名	成交量占比计算市场份额 份额(%)	卖家类型	排序位置	前100位排序频次	收入占比计算市场份额 份额(%)	卖家类型	排序位置	前100位排序频次
1	10.21	0	1	4	12.77	0	1	4
2	10.15	0	427	0	11.30	0	427	0
3	4.40	0	13	5	3.85	0	13	5
4	3.26	0	75	2	3.58	0	9	2
5	3.04	0	9	2	2.82	0	75	2
6	2.15	1	4	1	2.33	0	631	0
7	1.96	0	47	1	2.14	0	47	1
8	1.94	0	58	2	2.12	1	240	0
9	1.45	0	18	1	1.48	0	18	1
10	1.39	1	170	0	1.46	0	2 799	0
11	1.34	0	780	0	1.41	0	780	0
12	1.08	0	269	0	1.38	0	461	0
13	1.07	0	631	0	1.27	0	339	0
14	1.02	0	339	0	1.20	1	17	1
15	0.91	0	5	1	1.17	0	5	1
16	0.90	0	140	0	0.90	0	1 146	0
17	0.84	1	17	1	0.88	0	269	0
18	0.78	0	1 099	0	0.87	0	268	0
19	0.77	0	1 146	0	0.80	0	2 735	0
20	0.70	0	8	1	0.79	1	650	0
总计	49.37	3	—	21	54.52	3	—	17

注：笔者根据京东搜索结果计算整理，关于指标的具体说明见表8注释。

表 14 京东市场份额"TOP20"店铺情况概览——食品保健行业

食品保健市场份额排名	成交量占比计算市场份额 份额（%）	卖家类型	排序位置	前100位排序频次	收入占比计算市场份额 份额（%）	卖家类型	排序位置	前100位排序频次
1	26.03	1	1	8	29.14	1	1	8
2	24.36	1	13	8	21.01	1	13	8
3	16.43	1	2	6	18.45	1	2	6
4	4.35	1	22	1	4.69	1	9	1
5	3.61	1	18	1	3.03	1	18	1
6	3.17	1	9	1	2.01	1	65	1
7	1.59	1	244	0	1.86	1	26	1
8	1.27	1	65	1	1.67	1	25	3
9	1.07	1	195	0	1.50	1	22	1
10	0.97	1	64	1	1.07	1	64	1
11	0.95	1	278	1	0.88	0	14	5
12	0.90	1	25	3	0.60	1	34	2
13	0.86	1	180	0	0.58	1	244	0
14	0.84	1	34	2	0.56	1	24	1
15	0.70	1	24	1	0.55	0	5	2
16	0.67	0	14	5	0.52	1	38	1
17	0.55	1	357	0	0.49	1	278	1
18	0.46	1	26	1	0.45	0	48	3
19	0.39	1	386	0	0.41	0	179	0
20	0.39	0	5	2	0.38	1	180	0
总计	89.58	18	—	42	89.86	16	—	46

注：笔者根据京东搜索结果计算整理，关于指标的具体说明见表 8 注释。

表 15 横向：淘宝主要行业的搜索结果概览

关键词	搜索结果总数	排序位商品 总数	排序位商品 占比	排序位店铺 总数	排序位店铺 淘宝	排序位店铺 淘宝占比	排序位店铺 天猫	排序位店铺 天猫占比	搜索池店铺 总数	搜索池店铺 淘宝	搜索池店铺 淘宝占比	搜索池店铺 天猫	搜索池店铺 天猫占比	排序位店铺/搜索池店铺 总数占比	排序位店铺/搜索池店铺 淘宝占比	排序位店铺/搜索池店铺 天猫占比
母婴	4 404	2 012	45.69%	668	445	66.62%	223	33.38%	125 155	114 881	91.79%	10 274	8.21%	0.53%	0.39%	2.17%
服装	4 404	2 008	45.59%	267	74	27.72%	193	72.28%	1 296 101	1 230 854	94.97%	65 252	5.03%	0.02%	0.01%	0.30%
家居用品	4 404	1 866	42.37%	404	330	81.68%	74	18.32%	446 871	430 529	96.34%	16 342	3.66%	0.09%	0.08%	0.45%
珠宝配饰	4 404	1 873	42.53%	226	180	79.65%	46	20.35%	74 046	70 852	95.69%	3 194	4.31%	0.31%	0.25%	1.44%
美容护理	4 404	1 966	44.64%	1 259	1 013	80.46%	246	19.54%	100 799	96 364	95.60%	4 435	4.40%	1.25%	1.05%	5.55%
运动户外	4 404	1 890	42.92%	330	112	33.94%	218	66.06%	541 621	513 535	94.81%	28 086	5.19%	0.06%	0.02%	0.78%
食品保健	4 404	2 005	45.53%	1 161	437	37.64%	724	62.36%	31 712	29 145	91.91%	2 567	8.09%	3.66%	1.50%	28.20%
总计	30 828	13 620	44.18%	4 315	2 591	60.05%	1 724	39.95%	2 616 305	2 486 160	95.03%	130 150	4.97%	0.16%	0.10%	1.32%

注：笔者根据淘宝搜索结果计算整理。